史记
史书系

帝王篇

何家欢 ◎ 著

山西出版传媒集团　三晋出版社

图书在版编目（CIP）数据

极简史记 . 帝王篇 / 何家欢著 . -- 太原 : 三晋出
版社 , 2024. 8. -- ISBN 978-7-5457-3058-6

Ⅰ . K820.2

中国国家版本馆 CIP 数据核字第 2024692AP5 号

极简史记·帝王篇

著　　者：何家欢

责任编辑：郭永慷

出 版 者：山西出版传媒集团·三晋出版社

地　　址：太原市建设南路 21 号

电　　话：0351—4956036（总编室）

　　　　　 0351—4922203（印制部）

网　　址：http://www.sjcbs.cn

经 销 者：新华书店

承 印 者：三河市同力彩印有限公司

开　　本：787mm × 1092mm　 1/16

印　　张：12

字　　数：128 千字

版　　次：2024 年 8 月 第 1 版

印　　次：2024 年 8 月 第 1 次印刷

书　　号：ISBN 978-7-5457-3058-6

定　　价：68.00 元

如有印装质量问题，请与本社发行部联系　电话：0351—4922268

目录

第一章 天下为公 选贤任能——尧舜禹（上）

在黄帝之后，黄河流域又先后出现了尧、舜、禹三位部落联盟的杰出首领，关于他们『禅让』的故事，一直被传为佳话。

一　推选新首领

尧是唐地的部落联盟首领，故又称唐尧。尧在位期间治政有方，颇受子民爱戴。

随着年事逐渐增高，尧开始为联盟未来的发展做打算，他想找个年轻人来接替自己，主持部落中的各项事务。于是在一次部落联盟议事会中，尧让四方部落的首领们推荐合适人选。

"我觉得您的儿子丹朱是个不错的人选。"一个叫放齐的首领提议说。

丹朱是尧的嫡长子，因为生下来的时候浑身都红彤彤的，所以取名叫作丹朱。大家都觉得丹朱是尧最宠爱的儿子，由他来接替尧的位

▲尧帝像　清·无名氏《历代帝王圣贤名臣大儒像》

置也是顺理成章的。

尧听到丹朱的名字却摇了摇头，说："丹朱虽然聪明，但性子顽劣，不懂得与人为善，并非治国的最佳人选。"

大家都没有想到，尧竟然如此干脆地否决了让丹朱做接班人的提议，心中对尧的敬意不由得又增添了几分。

"那共工如何？"另一个叫讙（huān）兜的首领提议："听说共工治水已经取得了一些功绩。"

尧依旧不是很满意："共工这个人倒是能说会道，可惜的是他品性不端，嘴上说的和实际做的完全是两回事。这种表里不一的人，是不会得到上天的恩赐和眷顾的，想必未来也难成大事。"

就这样，共工也被尧否定了。随后大家又向尧提议了几位人选，但都被尧一一否定了，大家一时之间也没了合适人选，推选接班人的事只好暂时被搁置了。

过了些时日，推选接班人的事还是没有丝毫进展，但尧的身体每况愈下，心下很着急，于是便再次催促部落首领们举荐贤能之人。

几经询问和打探之下，一个叫作舜的人进入尧的视野。

舜只是一介平民，靠捕鱼种田为生，已经到了而立之年，却迟迟没有成家。他的母亲去世很早，双目失明的父亲很快又娶了后妻，生下了小儿子象。在后妻的影响下，父亲特别宠爱象，而对这个亡妻所生的大儿子总是横挑鼻子竖挑眼，就连小弟弟象也耳濡目染，和父母一起欺负哥哥，三个人经常联合在一起算计和谋害舜。

一个糊涂又偏心的父亲，一个飞扬跋扈的后妈，还有一个自私任

性的弟弟，从小到大，舜就是在这样的家庭环境中成长起来的，受到的欺辱可想而知。但是，舜长大成人后，非但没有记恨自己的父母、兄弟，反而对待他们每个人都非常的友善、恭敬，从来没有忘记自己做儿子、做兄长的本分。

"这是多么难得的一件事呀，"大家都说，"而且，要不是舜的引导和感化，他那个父亲、后妈和弟弟不一定会捅出什么娄子来呢。"

"看来舜的确是个很有德行的人。"尧想，"作为联盟首领，以德服人是赢得百姓信赖的关键。但是光有德行还不够，才能也是很重要的，我还得再对他好好考察一番才行。"

二 特别的考验

怎么来判定舜这个人到底是不是合适的继承人选呢？尧思来想去，终于想到了一个好办法。

尧有两个尚未出嫁的女儿，一个叫娥皇，另一个叫女英，他把两个女儿都嫁给舜，这样就可以通过日常生活中的一些小事来考验舜，看他到底是不是一个合适的继承人选。

与此同时，为了考验舜的才能，尧还举用舜参与政事，并让自己的九个儿子和舜交往，以暗中观察他的言行。

舜与娥皇、女英成婚之后，夫妻三人非常恩爱，舜在外带领百姓劳作，娥皇和女英则在家中把一切都打理得井井有条。

▲傅抱石《二湘图》

　　舜不但和两个妻子相处得很和睦，在其他方面也表现出杰出的才干和高尚的人格力量。舜是一个特别懂得以身作则，又特别有凝聚力的人，在他的感召之下，人们都渐渐变得谦让有礼起来。跟随舜在历山劳作耕种的时候，百姓们不再为了争夺土地而争吵；跟随舜在雷泽捕鱼的时候，大家也互相礼让捕鱼的位置；跟随舜在河边制陶的时候，生产出来的所有陶器质量都非常好，没有一个滥竽充数的次品。

　　就这样，舜的影响力越来越强。无论舜走到哪里，都会吸引很多百姓前来投奔。只要有舜在的地方，不到一年时间就能成为聚居地，两年时间变成小城，三年时间就变成大都城。

　　尧知道这些情况后很是开心，又赐给舜一些牛羊，还为他修筑了谷仓。

　　后妈和弟弟象看到舜竟然受到如此器重，还得了不少的赏赐，眼红得不得了。

　　"只要舜死了，这一切就都是咱们的了。"此时的母子俩暗中起了杀心，于是他们又叫上了舜的父亲瞽（gǔ）叟，决定一不做，二不休，三人合力一起置舜于死地。

　　聪明的娥皇和女英早就看出来这几个人心怀鬼胎，但是她俩才刚进门没多久，怕自己贸然指出，会伤了一家人的和气。更何况，舜从小就和他们生活在一起，应该很清楚他们的为人。姐妹俩了解丈夫的脾性，知道他凡事与人为善，不想和他们多做计较。两人只好暗地里多加防范，以保护丈夫的周全。

　　有一天，瞽叟让舜去修补屋顶，姐妹俩知道公公没安好心，便让舜干活时带上两个斗笠。舜感觉很奇怪，但是也没多想，听从妻子的建议，带着两个斗笠爬上了屋顶。

令舜万万没想到的是，他刚一上屋顶，瞎眼的老爹和坏心眼的弟弟马上就抽走梯子，开始放火烧屋。看着脚下浓烟滚滚，舜在屋顶上急得直跳脚，还好他带上来的两个斗笠派上了用场，他一手拿着一个，借着宽大的斗笠作翅膀，从屋顶上跳了下来。

可是瞽叟三人并没有善罢甘休，没过多久，在象的挑唆下，瞽叟又指使舜去挖井。

舜费了很大的力气，终于挖出了一口深井，眼看着就要挖到水源了，没想到就在这时，灾难却从天而降。他刚刚一筐筐挖出去的土，此刻竟然从井口哗啦哗啦地撒落下来，全都落在了自己的头上和身上。

原来瞎眼老爹和坏心眼弟弟正忙着往井里填土呢。

"别倒了，我还在下面呢！"舜在井里急得大叫起来。

可是老爹和弟弟哪里肯听，他们拼命地往井里填土，恨不得舜早点死在井里，这样舜的妻子和财产就都是他们的了。

一开始，他们还能听到舜在井下叫喊，但没过多久，叫喊声就消失了。

瞽叟和象以为这一次终于大功告成了，他们收拾好工具，兴高采烈地往家走。

一路上，父子俩商量着怎么瓜分舜的财产，象说："这主意虽然是我出的，但我也不多要，把舜的两个妻子，还有尧赐给他的琴给我就行，牛羊和谷仓就给你和妈妈吧。"

一进家门，象便迫不及待地跑到舜的屋子里，想去拿走那把琴。令他万万没想到的是，正当他拨弄琴弦的时候，舜却走了进来。

象惊愕地看着哥哥，一时间不知道说什么才好，过了好一会儿才吐出了一句话："你，你怎么才回来？我想你想得正伤心呢。"

舜"哼"了一声，说："你可真是我的好兄弟。"

原来娥皇和女英早就预料到瞽叟和象会有这一手，早在挖井的前一天，她们就让舜先在井的旁边挖了一条通道。当瞽叟和象在井口拼命向井里填土的时候，舜已经顺着之前挖好的通道钻出去了。

就这样，瞽叟他们的加害计划又一次落空了。这次失利之后，瞽叟、后妻和象再也不敢对舜动什么歪心眼儿了。他们还以为舜是有神明保佑，才得以脱身，所以一看到舜就战战兢兢的，生怕他记恨在心，报复自己。但是舜却好像什么都没发生一样，待父母和弟弟一如往常，甚至更加恭敬客气了。

三 培养与禅让

尧从女儿那里知道了这些事情，对舜的为人甚是赞许，虽然只是一些家事，但足见舜的宽宏大量，这样的胸襟气度正是领袖所需要的。

自此之后，尧对舜更加器重了，他开始把更多的重要事情交给舜去打理。

尧让舜去百姓中宣传礼教，百姓们都很信服舜，也就愿意听从舜的教诲；尧委派舜去完成一些部族重要的事务，舜也处理得十分妥当；尧让舜去接待四方前来朝见的部落首领，舜和大家相处得也非常和睦，得到了四方部落首领们的敬重。

尧还让舜独自去山麓的森林中，考验他在大自然之中的生存能力。舜刚走到半路就遇到了狂风暴雨，但是他还是凭借着惊人的毅力和丰富的生存经验，及时完成了任务。

种种磨砺和考验都证明了舜是一个可以将天下相授之人。

就这样，在不知不觉之间，从舜被举用，已经过去了二十年时间。在这二十年里，尧不仅是在考验舜，更是在各个方面锤炼他，培养他成为一名优秀的首领。

尧知道，舜的羽翼已经丰满，自己是时候该退位让贤了，他对舜说："这些年来，你做事周密，言出必行，未来必将是个好首领，我年事已高，现在你就开始执掌政事吧。"

舜听了之后很是惶恐，再三推让："不，不，我哪有那么好的德行担此重任。"

尽管舜一再谦让，但尧还是坚持要将首领之位交给舜。

次年正月，舜在文祖庙接受了尧的禅让。

随后，尧就卸下自己的联盟首领之职，回家颐养天年去了。

尧"传贤不传子"的做法，受到了后世的大力推崇和赞扬。

尧非常了解自己的儿子丹朱，知道他并非首领的最佳人选，如果传位给丹朱，只有丹朱一人能从中获得好处，而全天下的人都会遭殃。

▲舜帝像 清·无名氏《历代帝王圣贤名臣大儒像》

但如果让位给舜，虽然只有丹朱一人没得到什么好处，但却是天下之人的福泽。

尧的心里很清楚："天下是大家的，我不能为了让丹朱一人得利，就让全天下人都跟着遭殃啊！"所以最终，他还是把天下传给了贤能的舜。

在舜独立主持政务八年后，一生为民的尧驾鹤西去。尧去世后，百姓们非常哀痛。舜为尧服丧三年，服丧结束后，舜躲了起来，他想把联盟首领之位让给丹朱。但是四方首领们哪都不去，一心跟随舜。于是，在大家的拥戴下，舜正式登上部落联盟首领之位，史称帝舜。

原典精选

尧立七十年得舜，二十年而老，令舜摄行天子之政，荐之于天。尧辟位①凡二十八年而崩。百姓悲哀，如丧父母。三年，四方莫举乐，以思尧。尧知子丹朱之不肖②，不足授天下，于是乃权③授舜。授舜，则天下得其利而丹朱病④；授丹朱，则天下病而丹朱得其利。尧曰："终不以天下之病而利一人。"而卒授舜以天下。尧崩，三年之丧毕，舜让辟⑤丹朱于南河之南。诸侯朝觐者不之丹朱而之舜，狱讼者不之丹朱而之舜，讴歌者不讴歌丹朱而讴歌舜。舜曰："天也！"夫而后之中国⑥践天子位焉，是为帝舜。

——《史记·五帝本纪》

注释

① 辟（bì）位：退位。辟，同"避"。

② 不肖：不成才。

③ 权：变通。

④ 病：使……受损害。

⑤ 让辟：退让、避开。

⑥ 之中国：去京都。中国，即京城，帝王所都为中。

译文

尧在位七十年得到舜，又在二十年后因年老而退位，他让舜代行天子之责，把舜推荐给了上天。尧让出帝位二十八年后去世。他去世时，百姓们非常哀痛，如同自己的生身父母去世一般。三年之内，四方各地没有人奏乐，以此来悼念尧。尧知道自己的儿子丹朱不成才，不足以将天下托付给他，于是，采用变通的做法，把天下交给了舜。传位给舜，对天下人都有利，而只有丹朱一人没有好处；传位给丹朱，天下人的利益都会受损，只有丹朱一人得到好处。尧说："我不能让天下人都不利，而只让一人得利。"所以最终还是把天下传给了舜。尧去世后，三年服丧结束，舜把天下让给丹朱，自己躲到了黄河南边。然而，前来朝觐的诸侯不到丹朱那儿去，却到舜这里来，打官司的百姓也不去找丹朱而来找舜，歌颂功德的人不去歌颂丹朱却来歌颂舜。舜说："这是天意呀！"于是他回到京都，登上天子之位，这就是帝舜。

知识拓展

什么是禅让制?

"禅让"是指统治者在活着的时候把首领之位传给别人。"禅"意为"在祖先面前大力推荐","让"指"让出帝位"。

尧是继黄帝之后比较著名的部落联盟首领,尧去世前,把部落联盟首领位置让于舜,推舜为帝。这种让位,历史上称为"禅让"。舜去世前,又将首领之位让位给禹。禹后面就没有了禅让,他传位给儿子夏启,从此"公天下"变成了"家天下"。

禅让的方式是和平、民主地推选,不是以个人权力的转移,体现了"以人为本,任人唯贤"的思想。

第二章 天下为公 选贤任能——尧舜禹（下）

经过多方考验，舜终于得到尧的认可，在大家的拥戴下登上了部落联盟首领之位。舜在位期间不但将政事处理得井井有条，在用人方面也有所改进。舜打破尧帝所不起用的旧制约，举八恺，用八元，流四凶，明事理，把禹、皋陶、契、伯夷、夔、龙、倕、益等尽皆启用，因人任用，权责分明，显示出卓越的治国才干。

一 选贤与去恶

　　舜特别善于发掘那些有才能的人。在很久以前，高阳氏和高辛氏曾各有八个德才兼备的子孙，世人将他们称为"八恺"和"八元"。这十六个人承袭了祖先的美德和才能，让家族的名声远播在外，但是这样有才能的人却一直没有被尧启用。舜在了解情况后，先是起用高阳氏"八恺"，让他们管理水利、农作方面的事宜，紧接着又任用了高辛氏的"八元"，派他们负责百姓的教育和教化，"八恺"和"八元"各司其职，没过多长时间，天下就呈现出一片太平盛世。

　　在选贤任能的同时，舜也让那些奸恶之徒物尽其用。当时民间有四个祸害，他们分别是帝鸿氏、少皞（hào）氏、颛顼（zhuān xū）氏和缙（jìn）云氏的后裔，虽然这些氏族的祖先都曾铸就过光辉的历史，但是这几个子孙却很不成材，成天游手好闲、为非作歹，无论身边的人怎么规劝都没用，老百姓饱受其害，都很害怕和憎恶他们，把他们叫作"四凶"。舜知道情况后，便把这四个凶顽的家族流放到了边远的地方，这样一来，他们就再也无法祸害乡里百姓。与此同时，他们的凶蛮对于那些屡屡进犯边地的狂徒，又起到了以恶制恶的作用。从此之后，四方安宁，再也没有坏人敢来进犯了。

　　就这样，在一次次考验和磨砺中，舜逐渐成长为一个真正的首领。随着尧的年事逐渐增高，他开始接替尧，代理主持政务。不过，在舜的心中，担任首领之职并非是他心之所向，他只是希望能为天下苍生略尽自己的绵薄之力。所以在尧去世之后，舜本来想三年服丧一结束，就把首领之位还给尧的儿子丹朱，但是他在人们心中的地位已经根深蒂固，无论他走到哪里，各部落的首领和百姓们就跟到哪里。最终，舜选择顺从民意，正式登上天子之位。

二 选贤任能，明确分工

舜正式即位后，仍然将选贤任能当作头等大事。因为天下是大家的，只有让有才能的人各司其职，才能推动部族各方面的发展，让百姓们从中受益。当时，舜的身边已经聚集了不少得力的干将，他们追随尧舜多年，但是各自的分工却不太明确。舜打算将这些有才能的人重新进行一次分工，明确各自的权责。

于是，舜召集来各部落的首领，希望能够听取他们的意见，让分工更妥当。

舜和各部落首领及股肱之臣齐聚于文祖庙，舜问大家："怎么才能让远方外族归服于我们呢？"

四方首领们都说："只有以德服人，亲贤臣，远小人，才能让远方的外族归服。"

舜又问："是呀，我所需要的正是贤能之人啊，那你们说说，有谁能辅佐我成就大业呢？"

四方首领们都说："禹是个不错的人选，他一定可以助您一臂之力！"

舜也觉得禹是个不错的人选，他对禹说："禹，那你就去负责治理水土吧！"

当时，治理水土是一项非常艰巨的事务，关系到百姓的生命安危，禹的父亲鲧（gǔn）就曾经负责过这项工作，所以禹也深知这项任务的艰巨。听到舜让自己担此重任，禹连忙跪地叩谢说："臣不才，皋陶（gāo yáo）、契和后稷（jì）的才能都远胜于我，理应让他们担此重任！"

舜却说："既然大家都推荐你，你就放手去做吧，其他人我自有安排。"

然后，舜又对其他几个人说："弃，现在很多百姓还吃不上饭，以后你来负责农业，要让百姓们都学会播种百谷。"

"契，你负责教化，教会大家处理好各种人际关系，让君臣、父子、兄弟、夫妻、朋友之间都和和气气的。只有关系和睦，我们的氏族才能团结一心，兴旺昌盛。"

"皋陶，最近常有外族人入我境内作乱，杀人掠货，甚是可恶。你来担任法官，一定要注意量刑得当。五种刑罚各有对应的罪行，用刑的地点也不一样，有野外、市、朝三个地方可以选择。五种流放也各有处所，有三个远近不同的地方。这些刑罚都要根据罪行的轻重而有所区分，只有公正严明，才能让人信服。"

舜安排完这些，又问道："谁能管理好一众工匠呢？"

大家都说："倕是个不错的人选。"

▲大禹像 清·无名氏《历代帝王圣贤名臣大儒像》

▲皋陶像 清·无名氏《历代帝王圣贤名臣大儒像》

▲后稷像 清·无名氏《历代帝王圣贤名臣大儒像》

▲契像 清·无名氏《历代帝王圣贤名臣大儒像》

舜说："好吧，倕，你来担任共工之职，负责管理各种能工巧匠。"

舜又问："谁能管理山上的草木鸟兽？"

大家都说："益可以。"

舜便任命益主管山川河流的生态，益却叩谢推辞说："我的才能比不上朱虎、熊罴，不如让他们来负责此事吧！"

"你可以的，"舜说，"我让朱虎、熊罴来当你的助手。"

舜又问："谁能帮我主持祭祀呢？"

大家都推举伯夷。

"伯夷，既然大家都举荐你，那就由你来主管祭祀吧。"舜说，"祭祀是和上天打交道，一定要做到虔诚、正直，保持祭祀之礼的肃穆清洁。"

"我哪有这样的德行呀，"伯夷连忙谦让说，"夔（kuí）和龙的德行都远在我之上。"

"他们俩我自有安排。"舜说，"夔负责掌管音乐，音乐可以陶冶性情，让我们的子弟都成为正直宽厚、刚正而不失温和的人。要想作出好的乐曲，音律和歌词要搭配得当才行，还要配上合适的乐器来演奏，诗词、音律和乐器的音色相互交融在一起，才能达到最佳的境界。"

夔说："这正是我擅长的，当我弹奏乐器时，野兽们都会跟着跳起舞来。"

"很好。"舜赞许道，他又对龙说："龙，我最讨厌那些妖言惑众、扰乱民心的人，以后你就负责上传下达的工作，一定要据实以告。"

就这样，舜分配好了二十二个人的工作，每个人都有了各自明确的分工。他还要求每三年对他们进行一次考核，经过三次考核之后，再根据功绩决定升迁还是贬黜。由于分工明确，权责清晰，大家在工作中都能各司其职，再也不会出现办事拖拉、相互推诿的情况。没有多久，联盟的各项事业都得到了迅速而有效的发展，舜统治的各部族也变得越来越兴旺发达。

二 大禹治水

十几年过去了，舜委任的这二十二个人个个都取得了不错的功绩。皋陶掌管刑法，他秉公执法，刚正廉明，百姓们对他的判决都非常信服。倕管理工匠，数百个工匠在他的手下都能各司其职。伯夷主持祭祀典礼，上下都打理得非常妥帖，符合礼制。益主管山川河泽，让自然生态都得到了很好的开发。弃主管农业，使得各部族的粮食年年丰收有余存。契主管教化，百官之间都变得越来越亲善和睦。

不过，要说其中功绩最大的，还要属禹。禹负责治理水土，十几年来卓有成效。他的父亲鲧就曾经在尧的手下负责治理水土，但是鲧治水多年，水患也没有消退，时间久了，鲧便开始消极怠工。舜在视察时发现了鲧的不作为，便将其流放到羽山，后来鲧就死在了那里。

禹是一个很明白事理的人，他并没有因为舜降罪于父亲而记恨和抵触舜，而是非常珍惜舜对自己的信任："舜没有因为父亲的过失而

▲清·谢遂《仿唐人大禹治水》

轻视我，反而重用我治理水土，既然如此，我也不应该因为父亲获罪而记恨舜。我一定要努力治好水患，以弥补当年由于父亲的失职而给百姓们造成的损害！"

于是，禹就和伯益、后稷一起开始了平治水土的工作。有了父亲的前车之鉴，禹丝毫不敢懈怠，和妻子新婚第四天，他就离家开始工作。禹在外治水十三年，有好几次路过自己的家门口，都没敢进去，当他再见到儿子启时，启都已经长成大孩子了。

禹平时住的房屋非常简陋，吃穿也极为简朴，他把所有的精力和物力都用在了水利工程上。出门的时候，他总是随身拿着测量和规划用的工具，一边视察各地山川的情况，计划着在哪里修筑堤坝、开辟道路，一边了解当地的民情物产。如果遇到百姓缺粮少食的情况，他就让后稷把其他地方富余的粮食调配过来，保障各地的粮食供应。他还让伯益发放种子，教会百姓们种植稻谷，这样一来，百姓们的生活都越来越富足。

在禹的治理之下，河流得到了很好的疏浚，湖泽都筑起了堤防，山间道路也越来越通畅。四方诸侯前来觐见变得更加便利，就连最边远的部落也受到了很好的照抚。在禹的协助下，舜的治国大业蒸蒸日上，四海之内，无不歌颂舜的功德。

在舜的心中，早已把禹视作未来继承天子之位的不二人选。他就像当年尧栽培自己一样，一点点培养和考验着禹，并将首领之位禅让给了禹。

舜去世后，禹为舜服丧三年，服丧结束后，他想把首领之位让给舜的儿子商均，然后便像当年舜一样躲到了阳城，不再过问朝政。然而，首领和官员们却都相继追随他而来。最终，在民心所向之下，禹登上天子之位，定国号为夏。

尧和舜没有将联盟首领之位传给自己的儿子，而是禅让给贤德之人，他们从百姓的利益出发，为天下选择最合适的治理者，其选贤任能、天下为公的精神成为后世执政之典范。

原典精选

　　此二十二人咸成厥功：皋陶为大理①，平，民各伏②得其实；伯夷主礼，上下咸让；倕主工师，百工致功；益主虞，山泽辟；弃主稷，百谷时茂；契主司徒，百姓亲和；龙主宾客，远人至；十二牧行而九州莫敢辟违；唯禹之功为大，披③九山，通九泽，决④九河，定九州，各以其职⑤来贡，不失厥宜。方五千里，至于荒服。南抚交趾、北发，西戎、析枝、渠廋、氐、羌，北山戎、发、息慎，东长、鸟夷⑥，四海之内咸⑦戴⑧帝舜之功。于是禹乃兴九招之乐，致异物，凤凰来翔⑨。天下明德⑩皆自虞帝始。

——《史记·五帝本纪》

注释

①大理：官名，全国最高的司法官。

②伏：通"服"，拜服、服气。

③披：劈开，裂开。

④决：疏通。

⑤职：应缴纳的供奉。

⑥交趾：今越南河内一带；北发：广东、广西南部等北回归线以南，窗户向北开放的地方；戎、析枝、渠廋、氐、羌：西部的少数民族，大约生活在今天的陕西西部、四川北部及甘肃、青海一带；山戎、发、息慎：东北地区的少数民族；鸟夷：即岛夷，指东部大海中的岛国。

⑦咸：全、都。

⑧戴：拥戴。

⑨翔：栖止。

⑩明德：指崇高的道德和圣明的政治。

译文

这二十二人都取得了成就：皋陶担任法官，掌管刑法，断案公平，人们对他的明断都很服气；伯夷主持礼仪，朝廷上下能都礼让；倕主管土木建筑，管理工匠，工匠都能做好工作；益主管林牧，山林湖泽都得到开发；弃主管农业，各种谷物都及时播种，生长茂盛；契主管教化，百官都亲善和睦；龙负责接待宾客，远方的诸侯都来朝贡；十二州牧奉法办事，九州内的百姓没有谁敢违背。其中禹的功劳最大，打通了九座大山，疏导了九处湖泽，通畅了九条河流，辟定了九州方界，各地都按照应缴纳的贡物前来进贡，没有一处不妥当。方圆五千里的领地，直到离京师最远的边地都受到安抚。那时，南至交趾、北发，西至戎、析枝、渠廋、氐、羌，北至山戎、发、息慎，东至长、鸟夷，四海之内，共同称颂帝舜的功德。于是禹创制《九招》乐曲歌颂舜的功德，招来了祥瑞，凤凰也来此栖止。天下的清明仁德都从虞舜开始。

知识拓展

什么是"三皇五帝"?

三皇五帝,是"三皇"与"五帝"的合称,他们都是中国原始社会的部落首领或部落联盟首领,因其杰出的领导能力和作出的伟大贡献,被后人尊为"皇"或"帝"。

五帝指的是:黄帝、颛顼、帝喾、尧、舜。

三皇是华夏族的祖先,在不同著作中对其说法也有所不同。现有如下几种说法:

《史记·秦始皇本纪》:天皇、地皇、泰皇;

《史记·补三皇本纪》:天皇、地皇、人皇;

《风俗通义·皇霸》:伏羲、女娲、神农;

《白虎通义·号》:伏羲、神农、祝融;

《尚书大传》:燧人、伏羲、神农;

《帝王世纪》:伏羲、神农、黄帝。

第三章 善施仁政 演化周易——周文王

周文王姬昌奉行德治，提出『以德配天、敬德保民、明德慎罚』的执政理念。他勤于政事，重视发展农业生产，礼贤下士，广罗人才，收附虞、芮两国，攻灭黎、邘等国，建都丰京，为武王灭商奠基。旧传《周易》为其所演，创周礼，被后世儒家所推崇。

一 商纣：走向穷途的暴虐帝王

周文王姓姬名昌，他的父亲季历是商周部落的首领，也是商朝西部的众诸侯之长，被商王封为西伯侯。季历骁勇善战，在他的带领之下，周部落打败了周围的一些游牧部落，迅速发展壮大起来。然而，周的强大也引起了商王文丁的猜忌与不安，于是，商王便以封赏为名，把季历招到了都城，在软禁了一段时间之后将其秘密杀害了。

季历死后，姬昌继承了父亲的西伯侯之位，被人们称为西伯昌。

姬昌继任西伯侯之后，兢兢业业，勤于政事，他仿效先祖古公和父亲季历的治理之法，推施仁政、礼贤下士，将部落的各项事务都处理得井井有条，还经常到田间地头和大家一起劳作。在他的治理之下，

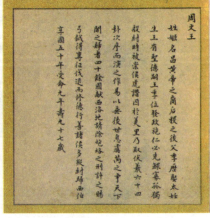

▲周文王像 清·无名氏《历代帝王圣贤名臣大儒像》

周部落非但没有衰落，反而有越来越多的贤能之人前来投奔，让周的势力变得越发强大。

与此同时，商朝的统治却日益走向没落。从帝乙继位后，商朝的国力便已日益衰微，到了帝辛，也就是商纣王统治时期，各地更是叛乱不断。

纣王天资聪颖，能言善辩，力能缚虎，然而可惜的是，纣王的心思却并不在朝政上。他嗜好饮酒，又偏爱女色，过着荒淫无度的生活。在众多妃嫔之中，他尤为宠爱姐己，只要是姐己说的，他都会按着她的意思去做。姐己喜欢歌舞，他就让人作曲编舞，只为博得美人的欢心。

此时商朝的国库日益空虚，为了能更好地寻欢作乐，纣王加重赋税，把从百姓们手里搜刮来的钱，都用来修建楼台、宫室，然后四处搜集各种珍禽野兽，放在宫室之中，供自己观赏享乐。他的宫殿之中，有一个盛满酒的池子，终日散发着酒水的香气，周边树枝挂满烤肉，男男女女在酒池肉林之间追逐打闹、饮酒作乐，通宵达旦。

纣王如此荒淫无度，久而久之，下至黎民百姓，上至诸侯群臣都对他怨声载道。但是纣王却不以为意，对于那些不听话的官员，他动用一切手段去制裁他们。为此，他甚至专门设置了一种叫作炮烙的酷刑。

所谓的"炮烙"就是在一堆烧红的炭火之上架起一根铜柱，铜柱上面刷满了油，受刑的人要在滚烫、光滑的铜柱上爬行，一旦受不住烫，从铜柱上掉下来，跌进炭火中被活活烧死。

看到犯人饱受折磨的惨状，纣王和妲己却在一旁笑个不停，以此为乐。

这样残忍的刑法让所有的臣民都心生恐惧、噤若寒蝉，一些臣子对纣王虽有不满，却不敢发声。而这正是纣王想要达到的目的。

然而，在百姓和诸侯的心中，却无时无刻不在期盼从商纣的暴政中逃离出来。人们深知，如果商纣继续这样下去，商朝的气数也就到头了。商朝之前的夏朝就是前车之鉴。夏朝的开启者禹和他的儿子启都是很好的帝王，但是到了第十七代君王夏桀，却是一个只知道贪图享乐的暴君，为了满足自己享乐，他不惜民力，大兴土木，对待百姓却十分苛刻，不仅荒废朝政，也失去了民心，最终走向末路。

以史为镜，可以知兴替，和夏桀比起来，商纣的暴虐有过之而无不及。人们相信，商朝覆灭的时日也不远了，而把王朝逼向穷途的正是商纣王自己。

二　牢狱中演化周易

纣王当时任用了三个公侯，除了西伯侯姬昌以外，还有九侯和鄂侯。九侯有一个女儿长得非常漂亮，九侯便将她献给了纣王。女孩见纣王如此荒淫不堪，不愿与之共同生活，言行之间流露出嫌恶之情，结果触怒了纣王，惨遭杀害，就连父亲九侯为此也受到牵连，被纣王剁成了肉酱。

鄂侯听闻此事，急忙前来劝止，不想言辞冲撞了纣王，纣王一怒之下，把他制成了肉干。

见到两个同僚接连惨死，姬昌不由得暗自叹息。这时，一个叫崇侯虎的大臣借此机会，跑到纣王那里说姬昌的坏话："西伯侯如今势力越来越大，再不加以控制，恐怕日后会对您不利啊！"

纣王思忖："西伯侯这个人的确是个隐患！"但是他一时间又找不到姬昌什么把柄，于是便把姬昌囚禁在羑（yǒu）里（今河南省汤阴一带）。

九侯和鄂侯惨死在前，姬昌的内心很是惶恐，但是他转念一想，与其在牢中惶惶不可终日，不如安下心来做点有用的事情，于是他便开始推演起八卦来。

所谓八卦，是上古时期用来推演时间、空间各类事物关系的工具，包括，乾（qián）、坤（kūn）、震（zhèn）、巽（xùn）、坎（kǎn）、离（lí）、艮（gèn）、兑（duì）八卦，每一卦代表一定的事物，乾代表天，坤代表地，震代表雷，巽代表风，坎代表水，离代表火，艮代表山，兑代表泽。姬昌在八卦的基础上，又进行进一步推演，将其规范化、条理化，演绎成六十四卦和三百八十四爻，有了卦辞、爻辞，人称《周易》。

就在姬昌在狱中推演八卦的时候，周部落的家臣们也在想办法尽快搭救他出来。他们知道纣王喜欢美女和珍宝，便买通了纣王的宠臣费仲，向纣王献上美女、珍宝和好马。

纣王没想到小小的西伯侯竟然有如此多的好物，连连感叹："哪用得了这么多，不就是想让西伯侯回去吗？有一样就足够了。"

果然，没过多久，他就把姬昌从狱里放出来。

回到自己的领地之后，姬昌觉得，现在还不是和纣王撕破脸的时候，还是要巩固和纣王的关系。为了表达自己对纣王的臣服之心，他又把洛水西边的一片土地献给了纣王。

纣王收到如此厚礼，特别开心，他对姬昌说："现在我知道你对我的忠心了，过去都怪崇侯虎这个谗臣在我身边说你的坏话，你有什么愿望，尽管与我说来。"

姬昌见纣王心情大好，便建议纣王说："臣没有其他的心愿，只希望纣王您能废除炮烙之刑。"

纣王欣然答应了姬昌的提议，他还赐给西伯侯弓箭和斧头，说："以后，你就是西部地区的诸侯之长，如果有人犯上作乱，你就替我收拾他们！"

三　开拓领地、善施仁政

有了纣王的授权，周在五年之内先后攻灭了邘（今河南沁阳西北）、密（今甘肃省灵台县）、黎（今山西省长治县）等国，解除了周部落北方和西方后顾之忧。

而羑里被囚的经历也让姬昌更加知道施行仁政的重要性，严酷的刑法只会让百姓心生怨念，而不能得到臣民真正的信服。回到自己的领地之后，姬昌更加注重施行仁政。虽然，他也会凭借自己强大的势

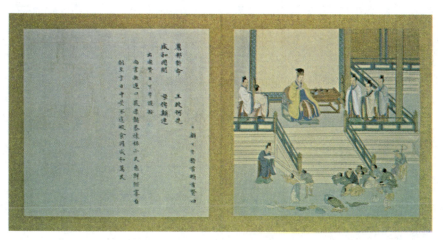

▲明·仇英《帝王道统万年图册之周文王》

力去攻打其他的小诸侯国，以此来扩大自己的疆域。但是在收服之后，姬昌都能很好地善待当地的子民，百姓们也都诚心归顺于姬昌的管辖。

很快，姬昌便名声远播，周围的诸侯国如果遇到纠纷，都会来到周的领地，找西伯侯裁决是非。

有一次，有两个诸侯国的人打官司打了很久也没有解决，实在没有办法，只好到周地来找姬昌帮忙。结果他们刚进入周地，就发现这里的一切都和外面大不相同，人人都以谦让为美德，种田的人根本不会因为土地界限的问题而发生争执，反而会情愿把自己的土地让给对方。民众的习俗都尊重长辈。两个人看到以后，感到惭愧极了。

"我们所争的，正是周人所不齿的，还去西伯侯那里干什么，这不是自取其辱吗？"于是，两个人还没有见到姬昌就返回去了，自己商量着解决了问题。

其他诸侯听说了这件事，都说："西伯侯才是那个领受天命的君主。"

就这样，在姬昌德行的感召下，很多诸侯都离开了纣王，前来归服姬昌。而姬昌也特别珍惜这些前来投奔自己的人才，无论是外部落的，还是从商纣王那里过来的，他都能以礼相待，予以任用。

姬昌还派人四处寻找谋士。在渭水边，姬昌见到了垂钓的姜子牙，这个时候的姜子牙已经七十多岁，但是他博学广识，谋略过人。姬昌拜其为太师。

在众诸侯的推戴下，西伯侯姬昌称王，史称周文王。

渐渐地，姬昌的势力越来越大，而商纣王的统治却越来越不得民心。但是纣王对此却丝毫没有警觉，大臣们一再劝他要注意西伯侯的势力，他丝毫不以为意。

有一个叫祖伊的大臣见到这个情形很是忧虑，害怕有朝一日，姬昌会攻打过来，灭了商朝。他知道纣王很讨厌劝谏的人，但还是想尽力一试，他对纣王说："我最近接连几次占卜，都看不到任何好的兆头，看来我们商朝的气数快要尽了。我原以为有先王在天之灵保佑，商朝的基业一定会千秋万代，但是，如今您的所作所为已经触怒了上天，让上天绝了商的气数，现在再做什么也都于事无补了。就连百姓们都说：'老天爷呀，你怎么还不显天威灭掉殷商，天命怎么还不到来？'"

纣王却毫不在意地说："什么是天命？我生下来就是一国之君，这不就是天命吗？天命自会助我。"

祖伊知道纣王已经听不进去任何劝谏，也就不再多费唇舌了。

周文王姬昌在位期间仁政兴国，受到百姓爱戴，其宽容仁爱的胸怀垂范后世。周文王在位五十年，为西周大业打下了良好的根基。姬昌去世后，他的嫡次子姬发即位，也就是周武王。

原典精选

崇侯虎谮①西伯于殷纣曰:"西伯积善累德,诸侯皆向之,将不利于帝。"帝纣乃囚西伯于羑里。闳夭之徒患②之,乃求有莘氏美女,骊戎之文马③,有熊九驷④,他奇怪物,因⑤殷嬖臣⑥费仲而献之纣。纣大悦,曰:"此一物足以释西伯,况其多乎!"乃赦西伯,赐之弓矢斧钺,使西伯得征伐。曰:"谮西伯者,崇侯虎也。"西伯乃献洛西之地,以请纣去炮烙之刑。纣许之。

西伯阴⑦行善,诸侯皆来决平。于是虞、芮之人有狱不能决,乃如周。入界,耕者皆让畔,民俗皆让长。虞、芮之人未见西伯,皆惭,相谓曰:"吾所争,周人所耻,何往为,只取辱耳。"遂还,俱让而去。诸侯闻之,曰:"西伯盖⑧受命之君。"

——《史记·周本纪》

注释

①谮(zèn):进谗言,说人坏话。

②患:担心。

③文马:有彩色花纹的马。

④九驷:三十六匹马。驷,古代四马驾一车,因称同驾一车的四马为驷。

⑤因:通过。

⑥嬖(bì)臣:亲信、宠幸之臣。

⑦阴：暗中。

⑧盖：表示推想、猜想、大概的意思。

译文

　　崇侯虎向纣王说西伯的坏话，他说："西伯积累善行和美德，诸侯都投奔他，这将对您不利呀！"于是纣王就把西伯囚禁在羑里。闳夭等人都为西伯担心，就设法找来有莘氏的美女、骊戎的骏马、有熊的三十六匹好马，还有其他的珍奇至宝，通过殷商的宠臣费仲进献给纣王。纣王见了这些很高兴，说："这些东西中有一件就足以释放西伯了，何况有这么多呢！"于是纣王赦免了西伯，还赐给他弓箭和斧钺，授予他征伐诸侯的权力。纣王说："说西伯坏话的是崇侯虎。"西伯回国之后就把洛水以西的土地献出来，请求纣废除炮烙的刑法。纣答应了西伯的请求。

　　西伯暗中做善事，诸侯都来请他裁决争端。当时，虞国人和芮国人发生争执不能断决，就一起来到周地。进入周的领地后，他们发现种田的人都互谦让田界，人们都谦让长者。虞国人和芮国人还没有见到西伯，就觉得惭愧了，都说："我们所争的，正是人家周人觉得羞耻的，我们还找西伯干什么，只会自取其辱罢了。"于是便返回国家，各自让出了田地，然后离去。诸侯听说了这件事，都说："西伯大概就是那个承受天命的君王吧！"

知识拓展

姜太公钓鱼，愿者上钩

姜子牙是辅佐周文王、周武王灭商的功臣。当他还没有得到文王重用的时候，曾隐居在陕西渭水边一个地方。

姜子牙常在溪旁垂钓，但是他钓鱼的方式却和常人不大一样。一般人钓鱼都是用弯钩挂上鱼饵，但姜子牙的钓钩却是直的，上面也不挂鱼饵，而且还把鱼竿举得高高的，离水面足足有三尺远。岸边路过的人看到姜子牙用直钩钓鱼，都感到很奇怪。

其实，姜子牙并不是真想钓鱼，他只是想以这种方式，引起君主的注意。

此时，恰逢姬昌到处搜罗人才。一天，姬昌乘车去渭水北边打猎，经过渭水边时，看见一个老者正坐在岸边钓鱼，便在一旁驻足观看。

这个老者正是姜子牙，待姜子牙把钓鱼竿提起来，姬昌一看，鱼钩居然是直的，他觉得很奇怪，走到姜子牙面前，跟他攀谈起来。两个人越谈越投机，姬昌见姜子牙知识渊博，博古通今，还很懂谋略，便亲自把他扶上车，带他回宫，拜他为太师，称他为"太公望"。而后人则尊称他为"姜太公"。

成语"姜太公钓鱼，愿者上钩"便源自于此。

明·戴进《渭滨垂钓图》

第四章 灭商建周 封国安邦——周武王

周文王去世后，武王姬发继续沿用文王富国强兵的政策，于公元前十一世纪推翻商朝统治，夺取全国政权，建立了西周，表现出卓越的政治、军事才能，成为西周的开国明君。

一 第一次兴兵伐纣

周武王姓姬名发，是周文王姬昌的嫡次子。武王即位后，任用姜子牙做太师、周公旦做宰相，召公、毕公也在身旁辅佐，君臣合力，使得文王留下的基业日渐稳固。

随着周的势力日益强大，姬发觉得是时候推倒殷商腐朽的统治了。但是，他怕自己即位的时间太短，此时兴军讨伐商纣王，恐怕不会像父亲文王那样具有强大的威望和号召力，可能还会有犯上谋逆之嫌。姬发思忖了许久，想出了一个办法，他对外宣称自己是奉父亲文王的旨意讨伐商纣王。这样一来，不仅师出有名，也能让其他诸侯更加听令于自己。

于是，姬发以文王之名起兵。但是起兵之路却并不顺利，这一路上，他看到了一些奇怪的现象，让他心存顾忌。

当姬发带着大军横渡黄河时，一条白鱼竟然从河水跃入船舱，姬发连忙俯身拾起白鱼，把它作为祭祀之用。等渡过黄河之后，一个红色火球又突然从天而降。火球噼啪作响，它滚到哪里，哪里就被烧成了焦炭，一直滚到姬发居住的地方才停下来。这些奇怪的现象让姬发很是担忧，不知道这是否是上天在暗示自己什么。

当姬发到达盟津（古黄河渡口名，今河南省孟津县东北，孟县西南）的时候，各地来参加盟会的诸侯已有八百多个，他们早就对纣王

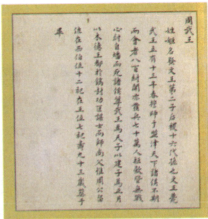

▲周武王像 清·无名氏《历代帝王圣贤名臣大儒像》

的昏庸忍无可忍，听说武王起兵，自愿响应武王的号召，想要一同前去讨伐纣王。

看到武王到来，诸侯们立马变得群情激愤，纷纷举起武器说："我们现在就去讨伐纣王吧！"

战事一触即发，但是姬发想起连日来见到的奇怪现象，心里有所顾忌。他对诸侯们说："不，现在还不是时候，殷商的气数还未尽。"

于是姬发又班师回到了周部落，一边养兵蓄锐，一边等待新的讨伐时机。

这个时候，商纣王又在做什么呢？虽然西部有周部落虎视眈眈，但是纣王却丝毫不以为意，朝廷里依旧歌舞升平，纣王不但不理朝政，甚至比过去更加暴虐了。

纣王有三个特别忠诚的大臣，叫作微子、比干和箕子，他们既是纣王的臣子，也是纣王的亲戚。因这三人为人忠诚仁义，被后人称为

"殷末三仁"。

虽然纣王昏庸，但是这三个大臣却一直不离不弃，他们不停地向纣王劝谏，只希望他有朝一日能够幡然悔悟，将商朝六百年的基业延续下去，但是他们最终还是没有得到好的下场。

微子劝谏纣王多次未果，无奈之下只好辞官离去。

比干性情刚烈，他抱着必死之心向纣王劝谏，最终惹恼了纣王。

纣王冷冷一笑，说："早听闻圣人都有一颗七窍玲珑心，不知道王叔的心是不是这样呢？"于是便下令剖开了比干的胸口，取出了他的心脏。

箕子听到比干惨死的消息，又惊又惧，但是他又不想背叛国君，另投他主，索性装疯卖傻，不再过问朝政。纣王以为他真的疯了，把他贬为奴隶。

三个忠诚仁义的大臣，最后却落得如此下场，其他的大臣听闻此事，都决心离开纣王，逃往周部落投奔武王。

没有了忠臣的劝谏，纣王的暴虐和昏庸越发变本加厉，人们看在眼里，心中清楚，属于商朝的时日已经不多了。

二　牧野之战

自从上次撤兵回来，武王一直在等待讨伐的时机，听到商朝发生这样的变故，他知道时机到了。

于是，武王再次以文王的遗命为旗号，率领五万将士前去讨伐纣王。

当大军渡过盟津，各地的诸侯也都汇合而来，看到大家士气十足的样子，武王心情澎湃，作了《太誓》，向大家宣告："如今纣王昏庸无道，一味宠信妇人妲己，残害忠义之臣，疏远同宗兄弟，滥造淫词艳曲，实在罪无可恕。今日，我姬发决定替天行道。诸位将士，我们一定要把握好这次机会，一举推翻纣王统治。像这样好的时机不会再有第二次、第三次了！"

鼓舞士气之后，将士们继续向商都进发。

武王十一年（公元前 1036 年）周历二月的甲子日清晨，大军终于抵达商都郊外的牧野（今河南新乡市北部）。武王来到队伍前面，他左手执斧，右手握旗，对着将士们说道："各位诸侯盟友、将士们，纣王昏庸，不敬神灵，荒废朝政，苛待百姓，如今我姬发要替天行道。将士们，举起你们的长矛，拿起你们的盾牌，勇敢地前进吧！请记住，你们要像老虎一样威风凛凛，像豺狼一样凶猛无比。遇到敌人，不要犹豫和迟疑，但如果遇到前来投降的士兵，也不要迎击他们，把他们留下来做我们的奴隶。努力吧，和他们决一死战，胜利就在前方！"

誓师完毕，这个时候，四千辆载着诸侯的兵车已经排列好阵势，整装待发。

纣王听说武王攻打过来，派出七十万大军前去应战。纣王原以为双方兵力悬殊，他们敢来讨伐自己，简直是以卵击石、飞蛾扑火，不曾想对方虽然只有五万人，但却个个都是经过严格训练的精锐之师。

自己的军队虽然人数众多，但一多半都是强行征召上来的奴隶和俘虏，不仅毫无斗志，而且早已对他的暴行深恶痛绝，他们恨不得武王的队伍快快打进来，占领殷国，结束纣王的暴政。所以，武王的军队刚刚冲过来，他们就四散而逃，有的还倒戈转而为武王的军队开路。

姜子牙马上率兵乘胜追击，一路追到朝歌。

武王大军一路所向披靡。纣王眼看着敌方的军队势如破竹、节节逼近，知道自己大势已去。他返回城中，脱下铠甲，穿上华丽的衣服，举起火把，走上鹿台。

这是他曾经和妲己一起游猎赏玩的地方，曾几何时，这里丝竹悦耳、莺歌笑语，如今却是一片凄凉。纣王不明白，为什么明明自己有天命在身，如今却落得如此下场？

"祖宗的基业都毁在我的手中，我又有何颜面去面对列祖列宗？"此时此刻，纣王悔不当初，可惜为时已晚，最终，他点燃了身上的衣物，焚火自尽。

没过一会儿，商都里的百姓们只见鹿台火光冲天，再也没有见纣王走下鹿台。

纣王的两个宠妃知道自己已经失去了靠山，在屋中悬梁自尽了。

这个时候，武王已经来到了商都的城门口。商朝的文武百官早就盼着武王的到来，此时此刻，他们纷纷来到城门前迎接武王。

面对前来迎接的官员和贵族，武王也非常客气地答谢回拜，没有丝毫怠慢，更没为难任何投诚的人。

第二天，在众诸侯和官员的簇拥之下，武王在神坛之上举行了盛大的受命仪式。就这样，约公元前 1046 年，武王姬发灭掉了商朝，建立了周朝。一个新的朝代开始了。

三　封国安邦

　　武王建立周朝后，最首要的事便是安置殷地的臣民。武王考虑到自己对当地的民情不熟悉，为保殷地安定，便把商朝的百姓交给商纣王的儿子禄父来治理，他还让自己的三弟管叔鲜和四弟蔡叔度留在禄父身边辅佐，以监视禄父，并对禄父的权力起到制衡作用。然后，他又下令，把"疯"了的箕子从牢狱中放了出来，并释放了其他蒙冤被囚禁的百姓。他还命令官员把鹿台中藏纳的金银财宝和粮仓中的粮食统统散发出去，赈济那些贫弱的民众。他知道殷地的百姓很敬重比干，就派人为比干修筑坟墓，还命令主管祭祀的官员在军中祭奠那些战死沙场的将士的亡灵。做完这些之后，他才撤兵回到周的领地。

　　回去之后，武王和太师姜子牙、弟弟周公旦等人商议，把统治的领地分成了若干个诸侯国，再把这些诸侯国分封给灭商大业中有贡献的亲族和有功之臣。武王先是对一同出兵伐纣的各路诸侯一一进行了封赏。由于他特别崇敬和怀念古代的圣王，所以，他也为那些圣王的后代们各自分封了领地。最后，他又论功行赏，奖赏了自己身边的功臣谋士。在众多谋臣之中，要数姜子牙的功劳最大，但此时的姜太公年事已高，武王便将齐地（今山东省淄博市）分封给他，又赐给他一

周武王圖贊第六

周頌殷一章詩曰於皇時周陟其高山墮山喬嶽兀猶翕河敷天之下裒時之對時周之命詩厚殷巡守而祀四嶽河海也孔穎達疏曰武王既定天下巡行諸侯所守之土祭祀四嶽河海之神皆饗其祭祀降之福助詩人述其事而作此歌於皇武王誕膺天命遭其邦組維求定萬國來同四方日靖溥言震之莫不祗慎陟其喬嶽兀猶翕河山雲逋潤海水不波爰求懿德肆夏作歌敷天率土神人以和

▲清·廖鴻章《历代帝王巡幸图卷》之《周武王图赞第六》

些仆从和财宝，让他在齐地颐养天年。

做好这一切后，武王还是觉得似乎有什么事情没有完成，这让他寝食难安，夜夜失眠。

一天，弟弟周公旦进宫去见哥哥，察觉他气色不佳，关心地问道："兄长，如今你还有什么心事吗？"

武王说："上天虽然受命建立了殷商，让它延续至今，却没能保佑其千秋万代，历朝历代都是如此，我又有什么办法能够确保大周的国运永远昌盛下去呢，一想到这些我就难以入眠。"

武王随后又说："如果想要确保周的国运永远昌盛，身为一国之君，就要日夜勤勉，不能像纣王一样昏庸无能，荒废朝政。另外，我们还要选一个合适的地方作为都城。我看了一下，从洛水湾到伊水湾，地势平坦没有险阻，这也是夏朝曾经定居的地方，是建都的最佳之地。"

于是，武王派人在洛邑（今河南洛阳）进行了测量和规划，想在那儿修建都城。那里环境适宜，百姓们可以在华山之南牧马，在桃林中放牛，生活舒心惬意。武王知道，战争对人们生活的破坏是非常巨大的，为了让百姓们能够休养生息，他解散了军队，并向天下表示不再用兵。

武王还是不能安心，他希望能够从殷商的灭亡中吸取教训，好让自己的子孙不再重蹈覆辙。于是，他亲自拜访箕子，向箕子请教殷商灭亡的原因，可是箕子却没有回答他。

箕子之所以没有回答他，是因为箕子曾经是殷商的臣子，如今殷商虽然灭亡，但箕子不愿意说自己故国的坏话。

武王见箕子不说话，便知道自己失言了，连忙说："我的意思是，想向您求教，怎样才能顺应天命治理好国家。"

箕子微微一笑，将夏禹传下来的《洪范九畴》讲给武王听。武王听后很是敬佩，想请箕子出山治理国事。

但是箕子没有答应，他早就和微子说过，忠臣不事二主，即使殷商灭亡了，他也不会做周的臣子。如今，他要践行自己的诺言。

武王也没有为难箕子，他想着日后有机会再来拜访。箕子料到武王一定还会来找自己，他早已无心参与政事，没过多久，他就和商朝的几位旧臣一起隐居山林了。

武王日夜操劳，灭商后的第二年就病倒了。武王卧病在床，心中依然操心着国家大事，他深知此时的天下尚未太平，而自己的儿子姬诵年纪还小，恐怕还难以承担起管理天下的重任。

这个时候，他想起了弟弟周公旦，多年来，弟弟一直陪伴在自己左右，辅佐自己打天下，定江山，这是一个值得托付的人。于是，他将弟弟叫到跟前，对周公旦嘱托道："诵儿年纪还小，日后辅政之事就全靠你了。"

不久之后，姬发离世，谥号武王。

周武王姬发在位时间虽短，但是却施行了一系列重要的措施，如政治组织中的分封制，社会组织中的宗法制，经济组织中的井田制，文化思想中的礼乐制等，这些制度的施行，稳固了周朝的社稷和民生，为周朝长达八百年的统治奠定了良好的根基。

原典精选

　　武王征九牧之君，登豳（bīn）之阜，以望商邑。武王至于周，自夜不寐。周公旦即王所，曰："曷为不寐？"王曰："告女：维天不飨①殷，自发未生于今六十年，麋鹿在牧，蜚鸿②满野。天不享殷，乃今有成。维天建殷，其登名民三百六十夫，不显亦不宾灭③，以至今。我未定天保，何暇寐！"王曰："定天保，依天室④，悉求夫恶，贬从殷王受。日夜劳来定我西土，我维显服，及德方明。自洛汭延于伊汭，居易毋固，其有夏之居。我南望三涂⑤，北望岳鄙⑥，顾詹⑦有河，粤⑧詹洛、伊，毋远天室。"营周居于雒邑而后去。纵马于华山之阳，放牛于桃林之虚；偃⑨干戈，振兵释旅：示天下不复用也。

——《史记·周本纪》

注释

①飨（xiǎng）：供奉祭品。

②蜚鸿：即蠛蠓（miè méng），一种虫子的名字。

③宾灭：宾通"摈"，摈弃灭亡。

④天室：指天上星宿的布列位置。古代定国都、建宫室皆依之，故称天室。

⑤三涂：即九皋山，周武王把它看作天室。九皋山是古都洛阳南的屏障。

⑥岳鄙：接近山岳的边鄙城邑。

⑦顾詹：回首瞻望。

⑧粤：用于句首，表示审慎的语气。

⑨偃：仰面倒下，放倒。

译文

武王召见九州的州长，登上豳（bīn）城附近的土山，远远眺望商朝的国都。武王回到周都，夜里难以安睡。周公旦来到武王的住处，问道："您为什么睡不着？"武王说："告诉你吧：上天不享用殷朝的祭品，从我姬发还没出生时到现在已经六十年了，郊外麋鹿泛滥成灾，遍地都是害虫。上天不保佑殷朝，我们才取得了今天的成功。上天建立殷朝，曾任用名士三百六十人，虽然说不上有显要之功，但也不至于灭亡，所以殷才能维持至今。我不能让上天赐给周朝的国运永远安定，哪里有闲暇睡觉呢？"武王又说："我要确保周朝的国运安定，要靠近星宿布列的位置建立居所，要找出所有的恶人，像对待纣王一样惩罚他们。我要日夜操劳，确保我西方的安定，我要政绩显赫百姓信服，直到功德照亮四方。从洛水湾直到伊水湾，地势平坦没有险固，是从前夏朝定居的地方。我向南眺望三涂，向北眺山岳旁边的小城，回首瞻望黄河，仔细察看了洛水、伊水地区，这里离星宿布列的位置不远，是建都的好地方。"于是在洛邑修建周都，然后离去。把马放养在华山南面，把牛放养在桃林区域。让军队把武器放倒、放下，对军队进行整顿然后解散，向天下表示不再用兵。

知识拓展

武王有几个兄弟？

在民间传说中，文王姬昌有一百个儿子，但实际上存在夸张的成分。据可考的历史资料记载，姬昌有十八个儿子。其中，周文王和正妃太姒生育了十个嫡子，另外还有八个庶子。其中在历史上比较知名的有以下几位。

姬考，世称伯邑考，伯邑考死得比较早，据说是被纣王杀死的。传说姬昌被商纣王囚禁后，当时伯邑考在商朝做人质。商纣王便杀了伯邑考，将他做成肉羹赐给姬昌，想看看姬昌会不会吃下这杯肉羹。周文王最后还是吃下肉羹。商纣王便对别人说："谁说西伯侯是圣人？吃了自己儿子做成的肉羹还不知道呢！"

姬发，即周武王。

姬鲜，即管叔鲜。周武王灭商建周后，将管叔鲜封于管地（今河南郑州），建立管国，因受封管国，故称管叔或管叔鲜。管叔鲜与蔡叔度、霍叔处协助、监督商纣王之子，一同治理商朝遗民，史称"三监"。

姬旦，即周公旦。周公旦曾两次辅佐武王东伐纣王，并辅政周成王，成就成康之治。

姬度，即蔡叔度。周武王灭商后，封于蔡（今河南上蔡）。周成王时，蔡叔度与其兄管叔鲜挟持商纣王之子叛乱，不久便被周公旦平定。蔡叔度被流放，最终死在流放之地。

姬处，即霍叔处。周朝诸侯国霍国（今山西霍州）始封君，霍姓始祖。

姬封，即康叔封。周成王即位后，发生三监之乱，康叔封参与平定叛乱，因功改封于殷商故都朝歌（今河南淇县），建立卫国，成为卫国第一任国君。

姬高，即毕功高。受封毕地（在今陕西咸阳）。周成王临终时，遗命他与召公奭辅佐周康王继位。

姬奭（shì），即召公奭。姬奭辅佐周武王灭商后，受封于蓟（jì，今北京），建立燕国。他派长子姬克管理燕国，自己仍留在都城任职，辅佐朝廷。因采邑于召（今陕西岐山西南），故称召公，或召伯、召公奭。

第五章 授政周公 成就盛世——周成王 周公旦

武王死后，太子姬诵即位，也就是周成王。

成王即位的时候，年纪尚幼，一时间很难担当起治国的大任，况且此时周才刚刚开国立朝，内外的局势还不是很稳定。危急时刻，成王的叔叔周公旦亲自摄政治理天下。在周公旦的辅佐之下，周成王励精图治，开创一代盛世。

一 授政周公

周公旦，姓姬名旦，是文王的第四个儿子，也是武王的亲弟弟，成王的叔叔。周公旦从小就是一个特别厚道仁义的孩子，其他几个兄弟都不及他。待到武王即位，周公旦辅佐在其身边，帮助武王处理各项事务。武王伐纣之时，他更是一路率兵直至朝歌。后来武王分封有功之臣，把鲁国（现山东曲阜）分封给了周公旦，但是周公旦没有去自己的封国，而是让儿子伯禽前往鲁国受封，自己则留在武王身边，继续辅佐武王。

周公旦是一个特别爱惜有才之士，又很谦逊有礼的人，他也是这样教导自己的儿子的。伯禽去鲁国前，周公旦曾经这样对伯禽说："我是文王的儿子，也是武王的弟弟，成王的叔父，普天之下，我的地位不算低了，但是如果有贤能的人到访，我会马上停下手头的工作，去接待他。即使我正在梳洗，也会立马抓着头发跑去见客人，哪怕是正在吃饭，我也会立刻把食物吐出来。即便这样，我还是怕自己会错失那些贤能的人。你到鲁国之后，一定要谨言慎行，千万不要因为自己是王侯就待人傲慢。"

送走伯禽后，周公旦就一直留在武王身边，同时留在武王身边的还有召公奭。召公奭是文王的庶子，被封于蓟（jì）地（今北京），和周公旦一样，他也让儿子代替自己去管理蓟地。

可惜武王刚即位没多久就去世了。武王去世的时候，成王的年纪

▲周公旦像　清·无名氏《历代帝王圣贤名臣大儒像》

还小，还没有独立处理朝政的能力。而此时周的局势还很不稳定，周公旦谨记着哥哥临死前对自己的嘱托，作为辅政之臣，他竭尽所能帮助成王处理国家各项事务。

然而，周公旦所做的这一切在管叔鲜和蔡叔度的眼中却变了样。这两人也是文王的嫡子，管叔鲜是文王的第三子，蔡叔度是文王的第五子。武王伐纣成功后，二人被分封在朝歌周围。武王之所以这样安排，原本是想让二人暗中监视商纣王的儿子禄父，可是这二人却是两个十足的野心家，他们并不满足于王侯的荣耀，而是企图拥有更大的权势。于是，他们开始拉拢和勾结商纣王的儿子禄父。

对于禄父来说，他早就想夺回本属于自己的王位了，如果周国发生内乱，对他来说无疑是有好处的。在共同利益的驱使之下，三个人很快便勾结在一起。

后来，武王去世，成王继位，周公旦掌权，管叔鲜和蔡叔度两兄弟心中的不满之情更是溢于言表。在老三管叔鲜看来，排行老二的姬发能继承文王之位也就算了，凭什么排行老四的周公旦如今也能把持朝政大权呢？就算论资排辈，他也应该排在周公旦的前面。管叔鲜越想越不服气，于是他和蔡叔度，还有禄父勾结起来，拼命在国内散布流言，说周公旦大权在握，恐怕将对成王不利。

这些流言很快就传到了周公旦的耳朵里。周公旦觉得自己受辱倒是无所谓，但若传到成王那里，引起成王和大臣们的猜忌就不好了。

于是，周公旦找来姜子牙和召公奭，很郑重地对他们说："成王年幼，我自知身为辅政之臣，很容易招致天下之人的怀疑。但是，如果我不去做的话，周的基业恐怕又会被他人夺去。真要如此，我又该如何向几位故去的先王交代呢？先王们为天下大业操劳忧虑了那么久，才有了今天的成功，可惜武王早逝，成王年纪又小，我这样做，也是为了能够让周的基业传承下去，不至于断送在我们的手中啊！"

姜子牙和召公奭听了周公旦的话，大为感动，他们对周公旦说："我们相信你，你大可不必为此事烦心，相信成王也自有明断。"

二　东征平叛

没过多久，管叔鲜、蔡叔度和禄父就显露出他们的狼子野心，他们开始联合黄淮一代的部族造反。成王马上派出周公旦和召公奭东征平叛。他们经过三年东征，终于平定了叛乱。叛乱结束后，周公旦先

▲《周公辅成王》汉画像石 山东嘉祥宋山

是杀死了罪魁祸首管叔鲜，紧接着又擒回并杀死了北逃的禄父，流放了蔡叔度。

平叛虽然还算顺利，但是接下来如何治理这些发生叛乱的地区是一个非常棘手的问题。周公旦觉得，如果依旧让商朝的旧主去管理这些地区，日后肯定还会重蹈覆辙，叛乱不断，所以应该选派周族之中的一些比较值得信赖的成员去严加管理。

于是，周公旦重新对各诸侯进行了分封。由于禄父已死，他便将原来商王统治的核心区域分封给了九弟康叔封。为了让康叔封能够顺利地进行统治，周公旦不仅交给他部分兵权，还先后给他发了三篇文告，作为当地的施政纲领，文告的核心内容是敬天保民、明德慎罚。这主要是考虑到连年征战对百姓生活造成的伤害，为了让殷地的百姓能够安心从事农业生产，同时也是提醒康叔封要注意对民众的德行教化，赏罚公正。

随后，周公旦又将宋地（今河南商丘）分封给了微子。微子原本是纣王的旧臣，曾因不满纣王的昏庸无道愤而辞官。武王伐纣的时候，微子曾袒露上身，用绳子反绑了自己的双手，向武王投诚。武王爱才心切，亲自为微子松绑。而微子也很感念武王的恩德，所以这次禄父叛乱，他并没有参与。

周公旦知道微子已经诚心归周，便把宋地分封给了他，还派微子代表殷人的后代，去奉祀殷的历代先王。

姜子牙姜太公在这次东征中又立下大功，周公旦扩大了姜子牙在齐地的封地，还授予他专征专伐的特权。没过多久，齐国就灭掉了周围的一些小国，成了东部最大的诸侯国。

此外，周公旦还分封了大量的诸侯国，其中大部分都交由姬姓王族来统治，也有少量分封给了有功的异姓诸侯。如果说之前武王伐纣，只是占领了殷商的核心区域，那么周公旦东征则是彻底扫清了外围势力。尤其是在重新进行分封之后，周的势力范围进一步扩大，俨然已经是泱泱大国了。

三　忠心辅佐

周公旦代理国政期间，周朝的局势日益稳定，而成王也逐渐长大成人。周公旦见成王已经能够独立处理国事了，觉得自己是时候该将政权归还给成王了。

但是这时，成王却派给他一个重要的差事。武王生前曾有个愿望，就是要在洛邑修建新都。成王为了完成父亲的遗愿，派召公奭再去洛

▲禽簋，西周盛食器，记载了周成王征伐盖侯的历史。

邑进行测量，又派周公旦去勘察地形，观测风水。

周公旦为此不辞辛劳，一次次往返于洛邑与旧都之间。

成王七年，新都建成，周公旦对成王说："新都已经建成，日后这就是您君临天下的地方。"

成王非常感动，他对周公旦说："多年来您一直辅佐在我身边，让我能够将文王和武王的功业发扬光大。如今新都已经建成，亲政大典行将在即，但是您始终都是我的叔父，我的长辈，您的教导，我一定牢记于心。"

第二年正月，成王在洛邑祭祀了先王，并举行了迁都和亲政大典。成王下令将殷商的遗民全都转移到了新都，以便于管辖和统治。

成王虽然已经亲政，但是周公旦知道自己的使命还没有结束，在治理朝政方面，他依然是成王的左膀右臂。

周公旦怕成王年少，不懂得守业的艰难，便写文章劝诫成王，一定要戒骄戒躁，切不可贪图享乐，忘了祖先开创基业时吃过的苦，受过的累。他在文章中这样写道："自成汤到帝乙，殷代的诸位帝王无不遵循礼制去祭祀，他们的德行都能配得上天命。但是到了纣王，只知贪图享乐，不顾天意民心，人人得而诛之。"他这样写是为了警示成王，切不可走纣王的老路。

当时天下虽然已经安定，但是官员的官职制度还不是很健全，于是，成王又委任周公旦重新规定了周朝的礼制、法令、音乐，明确了官员各自的职责。此外，周公旦还写下了一系列训诫百姓和官员的文章，对于周公旦的治理措施，百姓们无不欣然接受。

周成王十一年，周公旦病重，不久就离开了人世。临终前，他反复叮嘱身边的人："一定要把我葬在洛邑，我至死也要守护在成王的身边。"

成王知道后说："周公德行皆在我之上，我怎敢把周公视作我的臣子？"于是，他下令按照天子驾崩的礼制安葬周公旦，将其葬在了文王的墓地旁边，并特许鲁国用祭祀天子的音乐祭祀周公旦。

周公旦去世后，成王谨记其教诲，力行节俭，勤政爱民，开创了一代盛世。

公元前1021年，周成王驾崩，临终前，成王担心太子姬钊年幼无法胜任国事，又将辅政之事托付给召公奭和毕公高。周康王即位后，在召公奭、毕公高辅佐之下，继续推行周成王的政策，使得百姓安居乐业，经济迅速发展。周成王和他的儿子周康王在位期间社会安定、百姓和睦，被誉为"成康之治"，成为历史上的一代明君。

原典精选

其后武王既崩，成王少，在襁褓之中。周公恐天下闻武王崩而畔①，周公乃践阼②代成王摄行政当国。管叔及其群弟流言于国曰："周公将不利于成王。"周公乃告太公望、召公奭曰："我之所以弗辟而摄行政者，恐天下畔周，无以告我先王太王、王季、文王。三王之忧劳天下久矣，于今而后成。武王蚤终，成王少，将以成周，我所以为之若此。"于是卒③相成王，而使其子伯禽代就封于鲁。周公戒伯禽曰："我文王之子，武王之弟，成王之叔父，我于天下亦不贱矣。然我一沐三捉发一饭三吐哺起以待士犹恐失天下之贤人。子之④鲁慎无以国骄人。"

——《史记·鲁周公世家》

注释

①畔：通"叛"，背叛。

②践阼（zuò）：即位，登基。

③卒：终于。

④之：去。

译文

后来周武王驾崩，周成王年纪尚小，还在襁褓之中。周公旦怕天下人听说武王死了，就背叛朝廷，便登基代替成王处理政务，主持国家大权。管叔鲜和他的弟弟在国中散布流言说："周公旦将对成王不利。"周公旦便告诉太公望和召公奭说："我之所以不避嫌代理国政，是怕天下之人背叛周室，我们没法向太王、王季、文王三位先王交代。三位先王为天下之业忧虑操劳已久，时至今日方才成就大业。武王去世得早，成王年幼，所以我才这样做。"于是，周公旦继续辅佐成王，而命令儿子伯禽代自己到鲁国受封。周公告诫伯禽说："我是文王的儿子、武王的弟弟、成王的叔父，纵观天下我的地位不算低了。但为了不耽误接待贤能之人，我洗一次头要三次抓起头发，吃一顿饭要三次吐出正在咀嚼的食物，这样还怕错失天下贤人。你到鲁国之后，千万不要因为有封国就待人傲慢。"

知识拓展

周公吐哺

出自《史记·鲁周公世家》："然吾一沐三捉发，一饭三吐哺，起以待士。"哺，即口中所含食物。周公旦在吃饭的时候，多次吐出食物停下来不吃，急于迎客。后遂以"周公吐哺"比喻为了招揽人才而操心忙碌，形容礼贤下士，求才心切。

宅兹中国

"宅"即居住、占据的意思，"兹"意为这里，"宅兹中国"出自西周青铜器何尊铭文，铭文记述了周成王继承周武王遗志，营建成洛邑之事。而铭文中的"宅兹中国"是"中国"一词迄今发现的最早来源。

成康之治

又称成康之世，指西周初姬诵、姬钊统治期间出现的治世。

▲何尊

第六章 集权建制 千古一帝——秦始皇

西周覆灭后，诸侯拥立原先被废的太子宜臼为王，定都洛邑（今河南洛阳），史称东周。东周的前半期，诸侯争相称霸，称为春秋时代。到了东周后半期，诸侯国互相攻伐，战争不断。周王室名义上为天下共主，实际上有名无实。战国七雄的格局正式形成，七国分别是：秦国、楚国、齐国、燕国、赵国、魏国、韩国。

秦始皇，嬴姓，赵氏，名政，是秦庄襄王的儿子。秦始皇在位三十六年，并吞六国，始创帝制，建立了中国历史上第一个中央集权国家，是中国历史上名副其实的千古一帝。

一　独揽政权

公元前 247 年五月，秦庄襄王去世，13 岁的嬴政即位。因为嬴政当时年纪尚小，便尊吕不韦为仲父（古代称父亲的大弟弟为仲父），朝中大小事务都由吕不韦决定。

秦王政八年（公元前 239 年），21 岁的嬴政即将亲政，但是朝中的大权却并不在他手中，而是被多方势力把持着，除了吕不韦以外，还有当时深受王族拥戴的弟弟长安君，以及以太后和嫪毐（lào ǎi）为首的后宫势力。秦始皇想要把政权拿回自己手中，势必要除去这三个眼中钉。

秦始皇第一个要拔出的眼中钉是自己的亲弟弟成蟜。成蟜被封于长安，又称长安君。长安君年少有为，在王族中很受拥戴，因此也就成了秦始皇继承王位的一个潜在威胁。

秦王政八年，秦始皇派长安君率军攻打赵国。当长安君率军到达屯留后，受到樊於期（战国末期将领，原为秦国将军，后因伐赵兵败于李牧，畏罪叛逃燕国，被燕国太子丹收留）的挑唆，在屯留发生兵变，背叛秦国，投降了赵国。秦始皇正想找机会除掉长安君，便借着平叛之机，率军队将成蟜的队伍一网打尽，消除了自己王位的一个潜在威胁。

秦始皇要除掉的第二个眼中钉是嫪毐。嫪毐是秦始皇母亲赵氏身

秦始皇像

▲秦始皇像

边的男宠，因受太后宠信，被封为长信侯。嫪毐倚仗太后对自己的宠信，在朝中越来越嚣张跋扈、胡作非为。经过这次平叛，嫪毐察觉到秦始皇是一个杀伐决断的人，怕他亲政后会对自己不利，于是也开始筹谋起造反之事。

秦王政九年，秦始皇的亲政大典在即，嫪毐盗用了秦始皇和太后的大印，调动侍卫和骑兵去攻打秦始皇居住的蕲（qí）年宫，发动叛乱。秦始皇命相国昌平君和昌文君发兵攻打嫪毐。最终，嫪毐等人全部被抓，嫪毐被处以车裂之刑，其他参与者及其家人均被斩首和流放。

不到两年的工夫，秦始皇的两大对头长安君和嫪毐先后自己送上门来，让他轻而易举就拔掉了这两个眼中钉、肉中刺，眼下能够与其抗衡的就只剩下吕不韦一人了。

吕不韦是秦国重要的辅政之臣，封文信侯，门客三千，权倾朝野。秦始皇即位以来，一直受到相国吕不韦的压制，但苦于没有合适的理由将其除掉，这次嫪毐叛乱恰好为他创造了机会，因为嫪毐曾是吕不韦的门客，也是吕不韦进献给他的母亲赵氏的。于是，秦始皇便以此为名罢免了吕不韦的相国之职，将其遣出咸阳。

不出三年时间，秦始皇已把自己头顶上的三座大山尽数除去，将政权独揽于自己手中，属于他的时代即将开始。

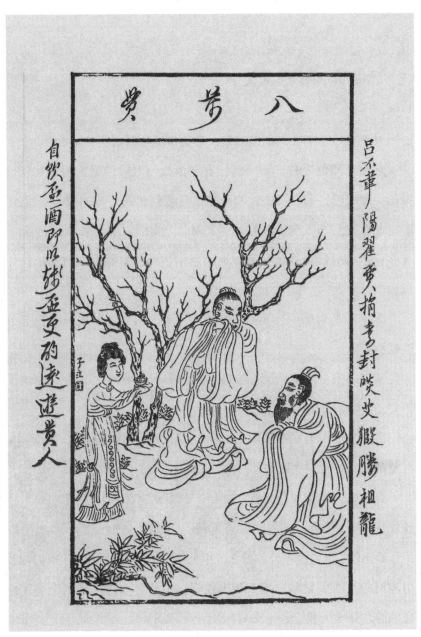

八夢賢

自飲盃酒卯以摶盂更的速遨贵人

呂不韋陽翟贾人捐书封啖艾擻勝祖龍

子立国

▲明·陈洪绶《博古叶子》之吕不韦

二 吞并六国，一统天下

对于秦始皇来说，独揽政权只是他帝王生涯迈出的第一步。

秦始皇即位之时，秦国已经发展为战国七雄中最厉害的诸侯国。秦国吞并了巴、蜀、汉中，西南越过宛城到达郢（yǐng）都，设置了南郡；北面收上郡以东，有河东、太原、上党郡；东至荥（xíng）阳，并且吞灭了西周、东周，在其故地设置三川郡。秦始皇亲政后，任用尉缭和李斯等人，积极推行统一战略。

秦王政十六年（公元前 231 年），秦国出兵，魏国被迫把部分土地献给秦国。

秦王政十七年（公元前 230 年），秦国派兵攻打韩国，俘虏了韩王安，收缴了他的全部土地，在韩地建立颍川郡。

秦王政十八年（公元前 229 年），秦国派兵攻打赵国，俘虏赵王，在赵都邯郸一带建立邯郸郡。

秦王政二十年（公元前 227 年），秦始皇派大将王翦（jiǎn）、辛胜攻打燕国。次年，秦军攻下燕都蓟（jì）城。

秦王政二十二年（公元前 225 年），秦始皇派将军王贲（bēn）攻魏，引汴河的水灌大梁城，魏王请求投降，秦始皇取得了魏国全部土地。在魏的东部地区建立砀（dàng）郡。

秦王政二十三年（公元前 224 年），秦始皇派王翦（jiǎn）攻打楚国，

▲秦始皇二十六年诏书铁权。诏书铭文自右往左依次为："廿六年，皇帝尽并兼天下诸侯，黔首大安，立号为皇帝，乃诏丞相状、绾、法度量衡则不壹歉疑者，皆明壹之"。这是秦始皇完成统一大业后，建立中国历史上第一个中央集权的封建国家的见证。

俘虏了楚王负刍，在楚地设九江郡和长沙郡。

秦王政二十五年（公元前222年），王翦平定了楚国长江以南一带，降服了越国国君，设置会稽（kuài jī）郡。同年，秦始皇派王贲攻打燕国，俘虏了燕王喜。

秦王政二十六年（公元前221年），秦将王贲从燕国南下攻齐，俘虏齐王建，在齐旧地建立了齐郡和琅邪郡。

兼并六国后，秦国又于公元前219年开始平定南方百越。至此，秦始皇完成统一大业。

三　集权建制

秦始皇统一天下后，对于自己所取得的功业很是自豪，于是便想拟定一个新的帝号来宣扬自己的功业。

一日，他将大臣们召集在一起，询问他们的意见。

丞相王绾（wǎn）、御史大夫冯劫、廷尉李斯都说："如今天下归一，就连五帝也比不上您的功业，只有三皇能与您相提并论，而三皇之中，又以泰皇最为尊贵。臣斗胆献上'泰皇'作为尊号。"

秦始皇听了，摇了摇头，似乎对这个尊号不是很满意，他想了想又说道："这样吧，去掉'泰'字，留下'皇'字，再加上五帝的"帝"的位号，称为'皇帝'，这样好一些。我死后也不需要什么谥号，我是第一个称皇帝的君王，我就叫作始皇帝，以后秦朝历代君王，就称

▲秦代秦始皇诏量

二世、三世……我们秦朝的大业，要世世代代永远流传下去。"

大臣们听后，连连跪拜，赞颂始皇帝英明。

这时，王绾又进言说："如今陛下已统一天下，但是像燕国、齐国、楚国地处偏远，如果不派人去治理，日后恐怕会多生事端，不如册封几位皇子作为诸侯王去管理这些地方。"

大臣们纷纷表示附议，李斯却提出了不同意见，他说："当年周文王、周武王分封很多同族的子弟，可是他们的后代却逐渐疏远，相互攻击，变得像仇人一样，就连周天子都拿他们没办法。如今陛下统一天下，在各地设立郡县，用征收上来的税款去赏赐皇子和有功之臣，这就足够了，再设置诸侯，恐怕会有人起异心。"

"丞相所言极是。"秦始皇说道，"以前天下之所以连年征战正是因为诸侯纷争，如今我好不容易平定天下，又要设立诸侯，这不是自讨苦吃吗？"

于是，秦始皇彻底废除了过去的分封制，又在原先的基础上，对

▲秦半两钱

领土进行了进一步的划分，将天下分为三十六郡，每郡都设立守、尉、监，建立了一整套从中央到地方的官僚系统，以捍卫中央的权威。

可是很快，秦始皇又意识到一个新的问题，以前诸侯分立，各诸侯国都有自己的文字、货币和度量方式，如今天下统一，各地区仍在沿用过去的这些东西，这显然不利于国家统一，经济发展。为此，秦始皇对各方面进行了大刀阔斧的改革。他下令统一全国的法令和度量衡的标准，以及车辆两个轮子之间的宽度，又要求全国上下统一使用小篆作为全国规范文字，并推行秦朝铸造的圆形方孔半两钱作为全国通行货币。

此外，为了中央的政令能够迅速下达，秦始皇还命人修建运河，创立驿站，大大提升了郡县间交通往来的便利度。为了抵御匈奴入侵，他又花费大量人力物力修建了万里长城。

秦始皇吞并六国，首创帝制，成为第一个称"皇帝"的君主。与此同时，他还消灭了封建领主制，开创了一个中央集权的封建专制时代，他的胸襟和眼界是历朝历代的君王都无法与之匹敌的，因此被后人称为"千古一帝"。

四　焚书坑儒

秦始皇一统天下，建立了中央集权国家，可谓中国历史上数一数二的精明君主，但是他的独断专行也常遭世人诟病，其中最具有代表性的就是"焚书"与"坑儒"事件。

一日，秦始皇在咸阳宫摆设酒宴，有七十多位博士（秦汉时掌管书籍文典、通晓史事的官职）到场敬酒致辞。仆射（yè）（古代官职名）周青臣看始皇正在兴头上，便端起酒杯高声赞颂道："从前秦国的土地不过才几千里，全靠陛下圣明，平定天下，让百姓得以安居乐业，陛下的德行，从古至今无人能及。"

秦始皇听后龙颜大悦。这时，一个叫淳于越的博士又上前说道："殷朝和周朝统治天下一千多年，他们都是将国土分封给族人和有功之臣，如今陛下您虽然拥有天下，但是没有分封给其他人，手下都是些平民百姓。一旦出了事，谁能出头帮您摆平呢？我觉得只有仿效前人治国才能得以长久。刚才周青臣所说的尽是些阿谀奉承之词，忠诚的臣子绝不会说出这样的话来。"

听了淳于越的话，秦始皇脸色一暗，对席上的大臣们说："你们讨论一下，看看该怎么办吧！"

丞相李斯看出了秦始皇的不悦，他厉声对淳于越说道："从三皇五帝，到夏商周，没有哪一朝的制度是一成不变的，历朝历代都有自己的治理方法，时代和环境变了，方法也就该随之发生变化。如今陛下的功业已经远胜此前任何一代帝王，为什么还要仿效夏商周的治理方法？在我看来，你们这些读书人当真是愚钝不堪。从前诸侯争霸的时候，还需要招揽一些游说之士，如今天下归一，由陛下一人制定法令即可，百姓在家安心生产，读书人认真学习法令，知道什么该做什么不该做，这就可以了。没想到，你们这些读书人不好好学习现在的法令，反倒说什么效法夏商周，这简直是祸害朝政，扰乱民心。"

说到这里，李斯又转向秦始皇，说："臣李斯有话想对陛下说。"

秦始皇说："请讲！"

李斯说："恕微臣直言，过往的朝代各种法令制度都是各行其是，没有一个统一的规定。现如今，有的读书人却主张效仿古人，甚至以古人的法度为标准指责当今朝廷的制度，这简直是荒谬至极！这些人一听到有命令下达，就开始窃窃私语，妄议朝政，在君主面前标新立异，抬高自己，在百姓面前妖言惑众，蛊惑民心。这样的情况如果不及时加以禁止，久而久之，一定会有损陛下的威名。"

"确是如此。"秦始皇说，"那你有什么办法吗？"

李斯回答说："臣以为，除了医药、占卜、种植方面的书籍，应该让史官把那些秦国以外的典籍全部焚毁，凡是私藏的《诗》《书》，还有诸子百家的著作，都应该送到一个地方集中焚毁。如果有谁敢聚在一起谈论这些书上的内容，就把他当众处死。要是有人借古人之法批评当今法令的，就将其满门抄斩。官吏中如果有知情却不禀报的，也要同罪论处。此外，命令下达三十天后，如果还有不烧书的，就在他的脸上刺字，发配边疆。"

秦始皇听后，沉思良久，最终认可了李斯的提议，即日下令焚书。

与"焚书"类似，"坑儒"事件也体现了秦始皇专横与暴虐的一面。这里所说的"儒"并非儒生、读书人，而是指方术士，也就是专门从事寻仙问药、占卜之人。

朝政之外，秦始皇特别热衷于寻仙求药。他羡慕神仙可以长生不老，于是便召集了不少方士为他寻找长生不死之药。但是，所谓的长生不老不过是人们美好的愿望罢了，哪里有什么不老仙丹存在呢？所以，寻药之事一直也没有什么进展。

然而，随着年纪增长，秦始皇对于不老仙丹的渴求越来越强烈，性情也变得越来越急躁暴虐。如果有哪个术士占卜的内容没有应验，秦始皇马上就下令将其处死。尤其是焚书事件发生后，皇宫里的方术士们更是紧张惶恐，人人自危，害怕找不到丹药，被皇帝兴师问罪。

侯生和卢生是秦始皇身边最得力的两名方士。两个人在秦始皇的身边待的时间最长，也最了解他的个性，知道再这样下去，自己肯定没有好果子吃，于是就偷偷跑出皇宫，打算隐居山林。

两个人一边逃跑还一边鼓动其他的方术士，说秦王暴虐，性格阴晴不定，最好趁早离开王宫。

秦始皇知道此事后龙颜大怒："我花了那么多财力物力让这些人帮我寻找仙药，仙药没有找到不说，人还逃跑了，一路上还散播谣言诽谤我，这和那些妖言惑众的儒生有什么区别？亏得我那么敬重他们，给他们那么多的赏赐，可是他们却这样对我，我要让他们付出代价！"

秦始皇一气之下，把咸阳城内诽谤他的方术士和儒生都抓起来，一共四百六十多人，下令全部活埋，还流放了一些人去戍守边疆，以儆效尤。

秦始皇的大儿子公子扶苏听闻此事，连忙向父王进谏："天下才刚刚平定，百姓们的心还没有完全归顺，这也是可以理解的，现在就用这么重的刑法制裁他们，可能会引起民心不安啊，还请父王明察。"

秦始皇听后更加气愤不已，没想到自己最器重的儿子竟然帮外人说话，一气之下就派扶苏北上去监督蒙恬的军队了。

五　寻仙问药，病逝沙丘

秦始皇虽然对于那些诽谤他的术士很是痛恨，但是这并没有让他停下寻仙问药的脚步。他又派徐福等人到海上寻找仙药。徐福入海寻找多年，花费的银两不计其数，却依然没有找到仙药。

徐福怕受到责罚，就编了个理由说："启禀陛下，臣海上寻药多年，发现蓬莱可以找到仙药，但是那里常有鲨鱼出没，我们很难靠近仙岛，希望陛下能够派一些弓箭手过去，将鲨鱼射杀，这样我们就可以上岛去取仙药了。"

秦始皇听后又是心急又是气恼，当晚，他做了个梦，梦见自己亲自前往东海射杀鲨鱼，结果却和海神大打出手，但是这个海神看起来并不像神，反倒像是个凡人。

梦醒之后，秦始皇感觉有些恍惚，觉得这似乎是什么预兆，连忙找来一位博士给自己释梦。

博士说："真正的海神，我们凡人是看不见的，能看见的只有海神变幻出来的东西，这些鲨鱼就是海神变幻而来。对于这种恶神，除掉他就可以了，只有除掉恶神，才能找到真正的善神。"

听了博士的话，秦始皇颇受鼓舞，他决定亲自带上弓弩，随方士们一同出海。一路上，秦始皇都没有见到鲨鱼，后来到达之罘（fú）的时候，终于遇见了大鱼，秦始皇射死了一条大鱼，随后又继续向西进发。

海上风浪不断，外加舟车劳顿，刚刚到达平原津（古黄河重要渡口），秦始皇突然病倒了。这一次，秦始皇病得很重，他感觉自己时日无多，便写信给公子扶苏，要扶苏速回咸阳。但是这封信却存放在中东府令赵高那里，一直没有发出去。

公元前 210 年，秦始皇在沙丘平台病逝。随行的宦官顿时慌了神，李斯却非常冷静，下令秘不发丧。之所以作出这个决定，一来是怕此时发丧，咸阳王宫那边会有变故，有人趁机作乱；二来对于王位的继承者人选，李斯的心里也早有打算。李斯派人悄悄地将秦始皇的灵柩放在车中，由其生前的贴身宦官陪同，从外面看来，就好像皇上还好好地坐在车中一样。每到一地，李斯就命人献上饭食，百官提交的奏折也像往常一样送入车中，只是这些奏折都由人代为批阅了。

在李斯的周密布置下，秦始皇驾崩的消息就只有他和胡亥、赵高以及五六个受宠信的宦官知道。胡亥是秦始皇最小的儿子，曾经跟随赵高学习法令，两人关系颇为密切。于是，两人协同李斯在经过秘密协商之后，拆开了秦始皇写给公子扶苏的那封信。

三人早就料定，秦始皇有意将王位传给公子扶苏，而这封信更是坐实了他们的猜测。好在这封信一直没有寄出去，他们便偷梁换柱，假拟了另一封信函寄给公子扶苏，信中列举了公子扶苏和蒙恬的诸多

▲秦始皇陵兵马俑

▲秦始皇陵铜车马

罪状，将其下令赐死。

他们掩藏着秦始皇的灵柩一路回到咸阳，路上，由于天气炎热，秦始皇的尸体开始腐烂发臭，他们就弄了些鲍鱼放在车上，来掩盖尸体的气味。直到进入咸阳境内，才对外发布皇帝驾崩的消息。而王位方面，则宣布李斯已经在沙丘接受了始皇的遗诏，立皇子胡亥为太子。

同年，胡亥即位，称二世皇帝。秦二世将秦始皇的灵柩安葬于骊山，那是秦始皇生前自己千挑万选的地方。早在即位之时，秦始皇就命人挖通了骊山。统一天下之后，他又命七十万工人在骊山修建陵墓。陵墓之中建有各式宫殿，雕梁画栋，气势恢宏，陪葬的珍奇异宝、兵马俑更是不计其数。秦陵四周分布着大量形制不同、内涵各异的陪葬坑和墓葬。为防止有人进墓盗取，陵墓各处还设置了重重机关，如果有人擅自潜入，就会触动机关，被弓弩射死。

秦始皇陵的修建历时三十九年，直到秦二世二年才完全竣工，千古一帝秦始皇自此长眠于骊山。

秦始皇一生功勋卓著，他横扫六国，结束了春秋战国以来长期的分裂割据，实现了中国历史上第一次大一统；他建立帝制，对内统一文字和度量衡，废分封，在全国推行郡县制；对外抵御匈奴，修筑万里长城。秦始皇奠定了中国两千余年政治制度的基本格局，被誉为"千古一帝"。

原典精选

还过吴，从江乘①渡。并海上，北至琅邪。方士徐市等入海求神药，数岁不得，费多，恐谴，乃诈曰："蓬莱药可得，然常为大鲛鱼②所苦，故不得至，愿请善射与俱，见则以连弩③射之。"始皇梦与海神战，如人状。问占梦，博士曰："水神不可见，以大鱼蛟龙为候④。今上祷祠备谨，而有此恶神，当除去，而善神可致。"乃令入海者赍捕巨鱼具，而自以连弩候大鱼出射之。自琅邪北至荣成山，弗见。至之罘⑤，见巨鱼，射杀一鱼。遂并海西。

——《史记·秦始皇本纪》

注释

①江乘（shèng）：古地名，秦始皇三十七年（公元前210年）东巡，在金陵停留期间，废弃前朝楚国金陵邑，设立秣陵、江乘等县，隶属会稽郡。

②大鲛鱼：大鲨鱼。

③连弩：装有机关可以连续发射的弓箭。

④候：窥伺、侦查。

⑤之罘（fú）：山名，也作芝罘，在今山东省烟台市北。

译文

秦始皇返回时经过吴地，从江乘渡江，沿海岸北上，到达琅邪。方士徐市（即徐福）等人到海上寻找仙药，好几年也没找到，花费了很多钱财，害怕受到惩罚，就骗秦始皇说："蓬莱仙药可以找到，但是苦于那里有大鲨鱼包围，所以不能到达，希望皇上派善于射箭的人一起去，遇到大鲨鱼就用连弩射它。"秦始皇在梦中和海神交战，海神和人的样子很像。秦始皇请人给自己占梦，占梦的博士说："海神本来是看不到的，它用大鱼蛟龙出来侦察。现在皇上祭祀周到恭敬，却出现这种恶神，应当除掉它，然后就可以找到善神了。"于是命令入海的人携带捕大鱼的工具，而秦始皇则亲自带着连弩去等候大鱼出来射杀它。从琅邪向北直到荣成山，都没有遇见大鱼。到达之罘的时候，遇见了大鱼，射杀了一条。接着又沿海向西进发。

知识拓展

横征暴敛

含义：指向人民强行征收苛捐杂税，进行残酷剥削。

例句：秦始皇大兴土木，横征暴敛，使得百姓民不聊生、怨声载道。

蓬莱仙境

含义：蓬莱是传说中的仙境，是仙人居住的地方。现用来指代非常美丽的地方。

例句：这里的风景美不胜收，就犹如蓬莱仙境一般。

第七章 创立霸业 壮志难酬——项羽（上）

项羽是一位卓越超群的军事统帅，二十四岁起兵反秦，二十七岁成为分封十八路诸侯的西楚霸王，三十岁自刎乌江。在带兵上，他骁勇异常、能征善战，有百战百胜之才。而在执政用人上，他却嫉贤妒能，刚愎自用，坑杀战俘，失尽人心。他是当之无愧的英雄豪杰，也是壮志难酬的西楚霸王。

一 起兵吴中

项羽，项氏，名籍，字羽。项家世世代代都在楚国为将，因为被封在项国（今河南项城），所以便以项作为姓氏。

项羽身材高大，力能扛鼎，周围的豪门子弟都很怕他。但是项羽却不喜欢读书识字，对习武练剑也不感兴趣。叔叔项梁恨他不争气，他却说："读书识字算不得什么本领，剑练好了也不过只能对付个把人，我要学的是能对付万人的本事。"

项梁见项羽心气很高，便开始教他一些简单的兵法。项羽虽然很感兴趣，但也只是粗浅地了解一些。

后来项梁杀了人，便带着项羽逃到了吴中（今江苏苏州）。

项羽的心高气傲令项梁很是头疼。有一次，秦始皇在会稽游玩，项梁也带着项羽前去一睹天颜。项羽远远看到秦始皇在江中泛舟，随口说道："这有什么，我可以替代他！"吓得项梁赶紧捂住了他的嘴。不过，从此以后，项梁再也不敢小瞧眼前的这个小伙子了。

秦二世元年（公元前209年），陈胜吴广在大泽乡起义。听闻此事，项梁和项羽也有些跃跃欲试。他们杀了会稽郡守，迅速召集兵力，在吴中发兵起义。

此时，项梁和项羽的军队还不过八千人，他们就带着这八千精兵渡过长江，向西进军。途中，他们听说，另一支新突起的义军已经占

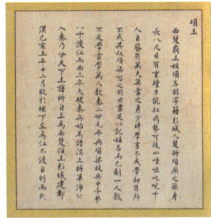

▲项羽像 清·无名氏《历代帝王圣贤名臣大儒像》

领了东阳县，首领名叫陈婴。考虑到自身兵力不足，项梁想和陈婴的军队合并，共同反秦。没想到陈婴本就无意担任起义首领，当初起义完全是被下面的人赶鸭子上架，他见项梁项羽都是将门之后，二话不说直接带领军队加入了项梁的队伍。待项梁渡过淮河北上进军，黥布、蒲将军的队伍也相继归入项梁军队中，短短两个月的工夫，项梁的军队就有七八万人了。

很快，项梁又打败了驻扎在彭城的秦嘉，接收了秦嘉的军队。项羽也攻下了襄城。项梁的队伍又扩大了。

就在这时，传来了陈胜的死讯。听闻此事，项梁连忙召集各路义军在薛县聚会，共议反秦之事。这时刘邦也已经在沛县起兵，便应招前往薛县参加了聚会。

有个叫范增的老头也前来投奔项梁，他对项梁说："陈胜失败是理所应当的，你想想，秦灭六国，这六国中，最无辜的就是楚国，因为楚怀王当初就是被骗到秦国去的。如今陈胜起义，不立楚国的后代为王，而是自立为王，这样又怎么会长久。但是您不同，项氏一族世世代代都是楚国的大将，一定会拥立楚国的后代为王，所以您这边一起兵，那么多的楚国将士才会蜂拥而至。"

项梁一听，觉得很有道理，于是就派人四处寻找楚怀王的后代。没过多久，项梁真的在一户农家找到了楚怀王的嫡孙熊心，便尊其为王，并袭用他祖父的谥号立他为楚怀王，建都盱台（xū yí，今江苏盱眙），而项梁自己则号称武信君。

二　巨鹿之战

项梁和项羽的军队在与秦军交锋的过程中接二连三取得胜利，这让他们开始沾沾自喜起来。

有个叫宋义的人劝项梁："打了胜仗，将军就骄傲，将军一骄傲，士兵就会懈怠，这样一来，非吃败仗不可。"

所谓骄兵必败就是这个道理，可是项梁根本听不进去。

果然没过多久，秦军就加派兵力来支援前线，在定陶（今山东菏泽）大败楚军，项梁战死。

项梁死后，刘邦和项羽商量说："现在项梁将军的军队被打败了，士兵们心里一定都很恐慌，既然如此，不如我们先撤兵，再重新等待时机。"

于是，项羽和刘邦的军队分两路驻扎在彭城和砀（dàng）县，秦军见楚国的军队已经撤退，认为楚军不足为患，也就没有再进行追击。

楚怀王听说楚军吃了败仗，心中很是害怕，马上从盱台赶到彭城和项羽会合。到达之后，他听属下禀报说宋义早就看出了这次兵败的征兆，觉得此人是个懂得用兵的良才，便任命宋义为上将军，项羽为鲁公，任次将，范增任末将。

项羽知道自己要听从宋义的调配，心里很不服气。与此同时，在出兵方面，项羽与宋义也产生了严重分歧。项羽听说此时秦军正在攻打赵国，便想要尽快出兵，和赵国一起夹击秦国。而宋义却觉得双方兵力悬殊，想先按兵不动，让秦军先与赵军交战，等秦军兵力耗尽，再一举歼灭秦军。两个人都有自己的想法和考虑，谁也不能说服谁。项羽眼看着军队只能在彭城坐以待毙，战士们缺衣少食，风餐露宿，而宋义却一拖再拖，拒不出兵，一怒之下斩下了宋义的首级。

将士们平时都非常敬畏项羽，对于项羽的做法，大家虽然很震惊，却没有谁敢说一个不字。

楚怀王也拿项羽没有办法，无奈之下只好让项羽做了上将军。

这样一来，项羽终于有了施展拳脚的机会。项羽作战向来喜欢速战速决。但是，从兵力上来看，此时的楚军确实并不占上风，眼下项羽的军队只有五万人，加上前来营救赵国的各路诸侯带领的十万联军，起义军总共不过也只有十五万人，而秦军却足足有四十万人，双方兵力相差悬殊。

项羽此时却战意已决。他先派两万先遣部队渡过漳河，紧接着又率领全部大军渡河，然后毁掉了全部的船只和炊具，只留下三天的干粮，以破釜沉舟之势向将士们宣示，此行只能拼尽全力，绝无退路可言。

有项羽做表率，战士们大受鼓舞，无不以一当十，杀声震天，最终在巨鹿大败秦军，也就是历史上有名的巨鹿之战。

自此之后，项羽真正成了各路诸侯起义军首领心中的上将军，他们都心悦诚服地听从项羽指挥。

项羽一路乘胜追击，秦军一败再败。就在项羽想要继续追击秦军、将其一网打尽的时候，秦军那边却派人来求和了。

原来自从秦军兵败之后，主将章邯就一直害怕被秦二世问责，不知道要不要继续和项羽打下去。长史司马欣劝他说："如今赵高在朝中独揽大权，您这仗如果打赢了，他一定会嫉妒我们的战功；您如果打输了，我们肯定也免不了一死，您自己看着办吧！"这时，陈馀也写信给章邯，劝他与义军讲和。

章邯思忖再三，决定和项羽讲和，两个人约好日期在洹水南岸的殷墟上会面。章邯见到项羽后，很是动容，声泪俱下地向他诉说了赵高的种种劣行，也表明了自己求和的诚意。项羽很同情章邯的处境，便封章邯为雍王，任司马欣为上将军，统帅秦军的先头部队。

然而，将军之间虽然达成了和解，士兵之间却并不能马上化解昔日的恩怨。义军士兵对曾经攻击欺辱自己的秦兵深恶痛绝，这回对方成了俘虏，更要加倍欺辱回来。投诚的秦兵一边忍受着义军士兵的欺辱，一边还要担心自己的妻儿会被秦王杀掉，于是便常在私下议论此事。项羽知道后，担心这些秦兵日后会临阵倒戈，于是就趁夜把二十万秦军击杀坑埋在新安城内，只留下章邯、司马欣和都尉董翳（yì）进入秦地。

三　鸿门夜宴

项羽继续带兵西行，当他到达函谷关后，刘邦却先行一步，已经带领军队攻下了咸阳。刘邦关闭了函谷关，驻军霸上，对项羽避而不见。项羽心中又急又气，派人攻打函谷关，才进到秦地。这时，刘邦的左司马曹无伤又派人来向项羽告密，说刘邦想要在关中称王，还要任秦王子婴为相。项羽听后大为震怒，扬言要把刘邦的部队干掉。

当时项羽的队伍有四十万人，驻扎在新丰鸿门。刘邦的队伍却只有十万人，驻扎在霸上。所以项羽压根就没把刘邦放在眼里，但是范增却劝项羽："听说刘邦这个人既贪财又好色，可是自打他进了关，什么金银珠宝、绝色美女，他碰都不碰。看来这个人的确是有更大的野心啊，您得尽快下手，千万别错失良机。"

项羽的叔父项伯听闻项羽要对刘邦下手，连夜驱马跑到刘邦军中，把这件事告诉了自己的至交张良。张良曾经救过项伯一命，如今张良是刘邦的人，项伯怕张良日后受牵连，想让他尽快离开刘邦。可是张良却不愿弃刘邦于不顾，当晚，就把项伯的话全部转告给刘邦。

刘邦听后大为震惊，一时间不知该如何是好，连连自责道："都怪我听了小人的话，他要我守住函谷关，不让诸侯们进来，说只有这样我才能称王。"

"那您能打得过项羽吗？"张良问道。

刘邦说："当然不能，怎么办才好？"

张良说："那我去告诉项伯，让他转告项羽将军，您是绝对不会背叛他的。"

刘邦想了想说："你还是帮我把项伯请过来吧，我亲自和他说，这样稳妥一些。"

于是，张良便把项伯请了进来。刘邦见到项伯后，急忙表达了自己对项羽的忠心。项伯答应帮他去向项王求情，并嘱托他，第二天一早，就去向项羽道歉。

项伯回到项羽营中，把刘邦的话转告给项羽，他还劝项羽说："如果不是沛公先攻破咸阳，你又怎么能进关呢？人家立了大功，你却要攻打他，这样太说不过去了。"

第二天一大清早，刘邦就带着一百多名侍从来到鸿门，向项羽赔罪，他说："我与将军合力攻打秦国，我们分别在两地作战，真是没想到，我竟然能先攻入咸阳，又在这儿与您重逢。就是不知道，最近是不是有小人说了什么坏话，让将军和我产生了嫌隙？"

项羽哈哈一笑，说："那就要问问你的左司马曹无伤了。"

项羽昨夜听了项伯的一席话，气已经消了一半，一大早刘邦又亲自登门赔罪，项羽也就不想再与他计较了。

项羽把刘邦留下来一起喝酒，当时席上除了他们二人，还有项伯、范增和张良。前一晚，范增已经和项羽商量好要在今天的酒宴上刺杀刘邦，但是酒过三巡，项羽却迟迟不肯动手。

范增几次用眼神示意项羽，项羽都没有理会他。范增无奈之下又举起了自己身上佩戴的玉佩，项羽还是无动于衷。

范增又气又急，还不好当众发作。过了一会儿，他终于按捺不住，起身出去，把项庄叫了过来。

范增悄悄对项庄说："项王心肠太软，不忍心对沛公下手，你一会直接进去献酒祝寿，然后请求舞剑。记住，一定要找准时机刺杀沛公。否则的话，以后我们谁都没有好果子吃。"

于是项庄便按范增的指示，进去献酒舞剑，他刚刚把剑拔出来，项伯竟然也站起身，抽出自己的剑，和他比画起来。两个人看起来好像是在舞剑，其实两个人的心思都不在对方身上，项庄一直在找机会行刺沛公，而项伯则一直挡在刘邦的前面，不让项庄刺到刘邦。

张良见情况危急，连忙起身出去，向守在门外的樊哙寻求支援。

樊哙是刘邦手下的得力战将，听闻沛公有难，二话不说，提起剑和盾牌就往里闯，侍卫们拦都拦不住。

樊哙见到项羽也不说话，只是恶狠狠地盯着他，两只眼球仿佛要从眼眶中爆裂出来。项羽一惊，连忙握住手中的宝剑，挺直身子问道："来者何人？"

张良说："这是沛公的护卫樊哙。"

项羽连忙说："真是位好汉，快赐酒！"

侍者端上来一大杯酒，樊哙拜谢后，起身拿起酒杯，一口气喝下。

项羽又说："再赐他一只猪肘！"

手下的人又端给樊哙一只整个的猪肘，樊哙把盾牌扣在地上，又把猪肘放在盾牌上，用手中的剑边切边吃。

项羽赞道："好一位壮士，还能再来一杯吗？"

"我死都不在乎，还在乎您的一杯酒吗？"樊哙说，"怀王曾经和各路义军约定，谁先进入咸阳，就让谁在关中为王。如今沛公先击败秦军进了咸阳，却丝毫没动秦宫中的财物，就撤军霸上，等待项王您到来。他还特地派将士把守函谷关，以防有变，沛公如此劳苦功高，没有得到封赏不说，您反而听信小人的谗言要杀害有功之人，这不是要走亡秦的老路吗？不过，我自己觉得，大王您是不会这样做的。"

樊哙的一席话竟说得项羽哑口无言，连忙让人给樊哙赐座。

酒席继续进行，刘邦起身上厕所，顺便把樊哙和张良也叫了出来。

刘邦对樊哙说："我得离开这里了，只是没来得及和项王告辞，实在有失礼数。"

樊哙说："成大事者不拘小节，更何况如今人家是刀子和砧板，我们是砧板上的鱼肉，还有什么可告辞的呢？"

"也只好如此了！"刘邦说，"我这次带来了一双白璧，想献给项王；一对玉斗，想献给亚父（即范增）。刚才情况危急，也就没来得及献上。张良，你留下来帮我把这些礼物献上吧。你别着急进去，先在外面等一等，等我们差不多回到军营，你再进去。"

交代完毕，刘邦扔下马车和一众仆从，独自一人骑马，樊哙、夏

▲西汉壁画 鸿门宴图

侯婴、靳强、纪信四人手持盾牌和剑跟在后面徒步奔跑。四人沿小路回到了霸上军营。

回营之后，刘邦做的第一件事就是杀了曹无伤。

张良则按着刘邦的指示，带着礼物走进帐内向项羽道歉，并告诉他，刘邦不胜酒力，已经返回军营了。

项羽接过白璧放在了座位上，范增接过玉斗，却直接摔在地上，抽出剑来，把它击得粉碎。他愤怒地吼道："这些没用的东西，沛公眼看就要夺走项王的天下了，我们就要成为俘虏了！"

然而，此时的项羽还不知道，由于他的一时心软和疏忽大意，为日后埋下了无尽祸患。

原典精选

项羽曰："吾闻秦军围赵王巨鹿，疾引兵渡河，楚击其外，赵应其内，破秦军必矣。"宋义曰："不然。夫搏牛之虻不可以破虮虱。今秦攻赵，战胜则兵罢①，我承其敝；不胜，则我引兵鼓行②而西，必举秦矣。故不如先斗秦、赵。夫被坚执锐，义不如公；坐而运策，公不如义。"因下令军中曰："猛如虎，很③如羊，贪如狼，强不可使者，皆斩之！"

《史记·项羽本纪》

注释

①罢（pí）：通"疲"，疲惫。

②鼓行：击鼓而行。

③很：执拗。

译文

项羽说："我听说秦军把赵王围困在巨鹿，我们应该尽快率兵渡河，楚军从外向内进攻，赵军从内向外接应，这样一定能打败秦军。"宋义说："不是这样的，牛虻是要蜇牛，而不是对付那些虱子。现在秦军正在攻打赵国，如果打赢了，那么它自己也会很疲惫，我们正好乘其疲惫攻击他们；如果秦军战败，我们就可以击鼓向西挺进，将秦朝一举灭掉。所以我们现在不如就让秦赵两国相互交战。论披甲上阵，我比不上您，但若论出谋划策，您不如我。"说完这些，宋义便命令全军："凡是像虎一样凶猛、像羊一样固执、像狼一样贪婪、顽固不化不听命令的，一律斩首！"

知识拓展

破釜沉舟

出自《史记·项羽本纪》："项羽乃悉引兵渡河，皆沈（沉）船，破釜甑，烧庐舍，持三日粮，以示士卒必死，无一还心。"意思是把饭锅打破，把渡船凿沉。表示下定决心，为取得胜利准备牺牲一切。

例句：他为了更好地备考，已经辞去了工作，他是以破釜沉舟的勇气来参加这次考试的。

项庄舞剑，意在沛公

出自《史记·项羽本纪》。项庄席间舞剑，企图刺杀刘邦。比喻说话和行动的真实意图别有所指。

例句：他今天所说的每一句话都另有所指，正是项庄舞剑，意在沛公。

人为刀俎，我为鱼肉

出自《史记·项羽本纪》："如今人方为刀俎，我为鱼肉，何辞为？"比喻生杀大权掌握在别人手里，自己处在被宰割的地位。

例句：眼下的情形是人为刀俎，我为鱼肉，做不做已经由不得我们了。

第八章 创立霸业 壮志难酬——项羽（下）

项羽设下鸿门宴，本想取刘邦的性命，却因为一时的疏忽和心软让刘邦逃过一劫。在项羽看来，此时的刘邦既无反叛之心，也无抗衡之力。然而，他的一时心软，却为日后埋下了隐患。

一 分封诸侯

鸿门宴饮之后，项羽很快率兵屠戮了咸阳城，杀了秦王子婴，烧毁了秦王的宫室，把秦宫中的财宝、女人都抢走了。有人劝项羽，关中土地肥沃，又有山河作为天然屏障，很适合作为都城建立霸业。可是此时的秦王宫已被烧成了一片废墟，项羽想了想，还是决定先回家乡，用他的话来说："富贵了不回故乡，就像穿了华丽的衣服在夜里行走，谁能看得见呢？"

不过，建都的事情还是后话，秦朝已灭，当务之急是对参与灭秦的

各路诸侯进行封赏。楚怀王曾经向众人许下诺言，谁先攻进咸阳，就让谁在关中为王。如今第一个攻入咸阳的是刘邦，按照约定，汉中的王位非刘邦莫属。但是，此时项羽手握重兵，分封王侯的事情自然由他说了算。项羽压根不打算按约定执行。他对各路诸侯说："多亏各位诸侯舍身入死才有了今天，各位都是有功之臣，每个人都应该获得封赏。"

项羽的提议得到了诸侯们的响应，于是，项羽对各路义军首领进行了分封。其中，刘邦被封为汉王，统治巴、蜀、汉中地区，建都南郑。项羽为防止刘邦东出造反，又把关中分为三块，派秦朝的三名降将守在那儿。章邯为雍王，统治咸阳以西的地方，建都废丘。司马欣为塞

▼清·袁江《阿房宫图》。秦始皇三十五年（公元前212年）开始兴建阿房宫，据传，项羽攻入咸阳城后曾火烧阿房宫。

王，统治咸阳以东到黄河地区，建都栎阳。董翳为翟王，统治上郡，建都高奴。此外，其他各路诸侯也都一一进行了分封，此次册封的共十八路诸侯，楚怀王被尊为义帝。

项羽自立为西楚霸王，统治九个郡，建都彭城。

二 楚汉争雄

分封完毕，诸侯们纷纷前往各自的封国。项羽见楚怀王此时已经没有用处，留着反倒碍事，便派人杀死了楚怀王。可是没过多久，分封的诸侯国又开始出现问题。齐国的田荣由于没有得到分封一直耿耿于怀，一怒之下，便派兵赶跑了齐王田都，杀死了胶东王田市和济北王田安，将三齐之地都收于自己囊中，随后自立为齐王。

代王赵歇也不满这次分封，他和田荣联盟攻打常山，追回了自己曾经的赵国领地。

与此同时，汉王刘邦也顺原路返回关中，并带兵降服了三秦。

很快，这些消息就传到了项羽的耳朵里。项羽非常生气，他一面派人抵挡汉王的军队，一面向北去攻打齐国。没过多久，项羽就收回了齐国的土地，他一怒之下活埋了田荣手下的降兵，烧毁了齐国的房屋，又将百姓的财物洗劫一空。齐国人实在走投无路，开始集结起来反抗项羽，他们在田荣的弟弟田横的率领下共同抗楚。

刘邦见项羽正忙于收拾齐国的烂摊子，趁机召集了五个诸侯国的

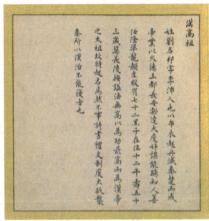

▲刘邦像　清·无名氏《历代帝王圣贤名臣大儒像》

兵力，共五十六万人，前去彭城讨伐楚国。项羽收到消息后，命令手下的将领继续攻打齐国，自己则带领三万精兵返回来应付刘邦。

项羽的军队虽然人数不多，但个个作战英勇，很快就把汉王的军队打得落荒而逃。项羽连忙率军乘胜追击，路上擒获了刘邦的妻子吕后和父亲太公。但是追到荥阳的时候，项羽却吃了场败仗，他只好先停下来，不敢再贸然进攻。

这一战，刘邦的军队也是损失惨重，为了减少损失，刘邦希望能与项羽议和，条件是要把荥阳以西的底盘划归汉王。

项羽打算接受这个条件，范增却不同意，他对项羽说："现在是汉王最好对付的时候，大王要是现在放走了他，以后一定会后悔的。"项羽被范增说动了，于是两人便率军包围了荥阳。

刘邦心中很是害怕，就在这时，他突然心生一计。他知道项羽这个人作战虽然勇猛，却胸无城府，之所以能够有今天，全靠亚父范增给项羽出谋划策，如果能够让这两个人心生嫌隙，分崩离析，项羽也就不足为惧了。

刘邦想好了对付范增的计策。当项羽的使者到来的时候，刘邦备好了丰盛的酒菜，命人端进帐内，可是当使者落座后，他却又故作惊讶地说："我还以为是亚父的使者呢，没想到是项王的使者呀。"随后，便命人把酒菜统统端了下去，随便拿了些粗茶淡饭来招待使者。使者回去后，把自己在刘邦营内的遭遇告诉项羽。项羽开始怀疑范增和刘邦有来往，也就不再重用范增了。范增一气之下告老还乡，最后病死在路上。

刘邦在大将纪信的帮助下，逃出了荥阳。他一路向南，一边撤退，一边重新招兵买马。他的身边本来就有张良、萧何这些能臣，这一路又遇见了韩信、张耳等人，他身边的能臣队伍又扩大了。

这时，项羽继续率楚军向西攻进，很快就拿下了成皋（河南荥阳附近）。彭越奉汉王之命前去阻挡楚军东进，彭越虽然打不过项羽，却反复侵扰项羽的军队，时不时断了项羽的粮草。

由于粮草短缺，楚军不能再继续西进。项羽没有办法，只好把刘邦的父亲太公绑来威胁刘邦。他命人支起一口大锅，把太公放在锅中，向刘邦喊话说："你们要再不投降，我就把太公煮死！"

刘邦却说："项王，你还记得吗？怀王还在世的时候，我们曾结为异姓兄弟，我的父亲，也就是你的父亲，如果你一定要把自己的父亲煮死，我也无话可说，记得到时一定要分我一杯肉汤。"

项羽气得抽刀就要杀死太公，项伯却在一旁说："此人一心要夺得天下，哪还能顾念自己的家人，你即使杀了太公，恐怕也不会有什么好处，反倒会背上不义之名。"项羽听后觉得言之有理，就留下了太公的性命。

楚汉之间，就这样一直僵持着，时间一久，无论是士兵还是百姓都对连年征战感到非常疲惫。

就在这时，韩信的大军攻克了河北，又打败了齐、赵两国，正准备向楚军进攻。项羽腹背受敌，连忙派龙且前去应战，却被韩信打得节节败退。项羽想硬的不行，就来软的，又派人去游说韩信，让他离开汉王，和楚、汉三分天下，韩信也没有答应。

此时的项羽处境非常艰难，眼看着汉军兵强马壮，粮草充足，自己的军队却疲惫不堪，缺粮断草。然而，就在项羽感到无比艰难的时候，刘邦却派人来议和了，前提是项羽要交出太公。最终，项羽被刘邦说服，双方约定，以鸿沟为界二分天下，鸿沟以西为汉，鸿沟以东为楚。

双方约定生效后，项羽便释放了刘邦的家眷，整顿好队伍往东走。可是此时刘邦却突然撕毁盟约，一路向东追击项羽的军队。在韩信和彭越的协助之下，汉军最终将项羽的军队困在了垓（gāi）下。

三　乌江自刎

项羽的人马被汉军重重包围，困于垓下，此时的楚军早已弹尽粮绝，疲惫不堪，却依然咬紧牙关，没有向汉军投降。

一天夜里，军营四周突然响起了楚地的歌曲。由于连年征战，士兵们已经好久没有回家乡了，此时突然听到熟悉的乡音，再坚硬的心也会顿时柔软下来。

项羽听到歌声也慌了神，心想："难道楚国已经被汉军攻下了，不然怎么会有这么多唱楚歌的人呢？"

他起身给自己倒了杯酒，一边喝酒，一边环顾四周。此时，他最宠爱的女人虞姬依然守候在他身旁，陪他征战沙场的乌骓（zhuī）马也停在帐外，可是一切都不一样了。项羽觉得大势已去，不由得悲从中来，情不自禁地唱道："力拔山兮气盖世，时不利兮骓不逝。骓不逝兮可奈何，虞兮虞兮奈若何！"

项羽一边唱一边落泪，虞姬和左右的侍从也都落下泪来。

项羽知道如今想要击退汉军是不可能了，眼下看来，只有先保住性命，日后才能东山再起。于是他骑上了乌骓马，八百勇士骑马紧随其后，趁夜色突出重围，一路向南奔逃。

当项羽渡过淮河的时候，跟随的士兵就只剩下一百多人了。项羽继续快马加鞭，不幸的是，他逃到阴陵的时候迷了路，结果被汉军追上。

这个时候，项羽身边就只剩下二十八个人，而前来追杀的汉军却有上千人。项羽对这二十八位士兵们说："这回看来是天要亡我，情况已然如此，我们与其坐以待毙，不如大战一场！我要让你们知道，这一次绝不是我作战不力，而是天要亡我！"

项羽把这二十八人分成四组，让他们分别从四面突出重围，然后

▲清·周培春《古代美人图之虞姬》

再在山的东面会合。

一阵厮杀之后，项羽终于突出重围，光他自己一个人杀死的汉军就有百八十人，而他的骑兵只死了两人。

项羽带着队伍来到乌江边，船只已经在那里停靠，乌江亭长对项羽说："大王请快快渡江，再晚些汉军就追上来了，江东土地虽然不大，但方圆也有一千里，民众也有几十万，足够您称王了。"

项羽苦笑道："当初我带领八千江东子弟渡江西征，如今却一个都没回来。纵使江东父老认我这个大王，我又有什么颜面去面对他们呢？"

项羽又对亭长说："看得出来，您是个好人，这匹马已经跟随我征战多年，我不忍心杀死它，就把它送给你吧！"

这个时候，汉军已经追来，骑兵们纷纷下马和汉军短兵相接。项羽一口气杀了几百人，自己也身受重伤。

项羽无力再战，他认出汉军之中有个叫吕马童的人，对他说道："我们认识，听说汉王悬赏黄金千两要我的人头，你来拿吧！"

说罢，项羽便挥刀自刎。

公元前202年，项羽自绝于乌江。一代枭雄西楚霸王就此结束了他的生命。

项羽以一个平民百姓的身份崛起于吴中，不到三年的时间就率领各路诸侯灭掉秦国，成为诸侯将士们景仰的西楚霸王，足见其超群的军事能力。然而，项羽杀人如麻、嗜血成性，为人又刚愎自用、一意孤行，这些致命的弱点最终导致了一代霸王的悲情结局。

原典精选

　　于是项王乃欲东渡乌江。乌江亭长舣船①待，谓项王曰："江东虽小，地方千里，众数十万人，亦足王也。愿大王急渡。今独臣有船，汉军至，无以渡。"项王笑曰："天之亡我，我何渡为！且籍与江东子弟八千人渡江而西，今无一人还，纵江东父兄怜而王我，我何面目见之？纵彼不言，籍独不愧于心乎？"乃谓亭长曰："吾知公长者。吾骑此马五岁，所当无敌，尝一日行千里，不忍杀之，以赐公。"乃令骑皆下马步行，持短兵接战。独籍所杀汉军数百人。项王身亦被十余创。顾见汉骑司马吕马童，曰："若非吾故人乎？"马童面②之，指王翳曰："此项王也。"项王乃曰："吾闻汉购我头千金，邑万户，吾为若德。"乃自刎而死。

——《史记·项羽本纪》

注释

　　①舣（yǐ）船：拢船靠岸。

　　②面：相面，看看面貌。

译文

　　于是项羽就想东渡乌江。乌江亭长驾着一支小船停靠在岸边等候项羽，对项羽说："江东虽然小，但土地也纵横千里，有百姓数十万，足够您称王的，希望大王尽快过江。现在只有我有船，汉军即使追到这儿，也没办法渡江。"项羽笑道："上天既然要亡我，我还渡江做什么？况且我项羽当初带领江东八千子弟渡江西进，如今却无一人生还。即使江东的父老兄弟可怜我，拥立我为王，我还有什么脸面去见他们？即使他们不说什么，难道我的心里就不愧疚吗？"于是对亭长说："我知道您是个好人。我骑这匹马五年了，所向无敌，日行千里，我不忍心杀掉它，就把它送给你吧！"于是命令骑兵都下马步行，手持短小轻便的武器和汉军交战。光是项羽一个人就杀了汉军几百人，而项羽自己也受了十几处伤。项羽看见汉军骑兵中的司马吕马童，说："这不是我的旧相识吗？"吕马童看了看项羽，指示给王翳说："这是项王。"项羽说："我听说汉王为求我的人头，拿出了千两黄金、万户封邑作为悬赏，我就成全你们吧。"说完拔剑自刎而死。

知识拓展

垓下歌

项羽

力拔山兮气盖世。

时不利兮骓不逝。

骓不逝兮可奈何！

虞兮虞兮奈若何！

出自《史记·项羽本纪》。大意：力能拔大山啊，豪气盖世。时运不济啊，乌骓马再不能奔驰。乌骓马不再奔驰啊，我该怎么办？虞姬啊虞姬，我又该把你如何安置？

诗词解读：《垓下歌》是西楚霸王项羽被困于垓下，自刎之前吟唱的一首诗。此诗表达了项羽平生的威武豪气，表达了他对爱人虞姬和爱驹乌骓马的不舍，抒发了他在汉军的重重包围下沉痛悲愤而又无可奈何的心情。

第九章 楚汉争雄 君临天下——刘邦

汉高祖刘邦是西汉的开国皇帝，他虽是平民出身，却知人善任，举贤任能，能充分发挥部下的才能为自己所用，终于在楚汉之争中反败为胜，击败西楚霸王项羽，一统天下。刘邦登基后采用休养生息的宽松政策治理天下，豁免徭役，重农抑商，恢复经济，稳定封建统治秩序，也促成了汉朝雍容大度的文化基础。

一　贵人之相

汉高祖刘邦，字季，沛郡丰邑（今江苏丰县）人，人称沛公。

刘邦的出生充满了传奇色彩。有一天，他的母亲刘媪（ǎo）正在河边的堤坝上休息，睡梦之中遇见了神灵。当时天空电闪雷鸣，刘邦的父亲太公去找妻子，看到一条蛟龙正卧在妻子的身上。不久之后，刘媪就有了身孕，生下了刘邦。

刘邦生就一副贵人之相，他的额头高高隆起，鬓角和胡须都非常漂亮，左面的大腿上还长了72颗黑痣。成年之后，刘邦通过考试，做了泗水亭亭长。他为人豪爽，爱开玩笑，也爱饮酒，常到附近的一家酒馆去喝酒。奇怪的是，只要刘邦去喝酒，酒馆的生意就出奇地好。有一天，刘邦喝得实在太多了，结果不胜酒力，醉倒在地上，酒馆老板刚要过去搀扶，竟然看到有一条巨龙在刘邦的头上盘旋。他料定刘邦绝非凡人，从那以后，就再没向刘邦要过酒钱。

有一天，沛县县令家中来了一位贵客，沛中的官员听说县令家里有贵客，纷纷登门祝贺。

当时负责接收贺礼的是县令的属吏萧何。萧何对前来送礼的宾客说："礼金不到千两的请堂下就座。"

刘邦本来只想去凑凑热闹，身上一分钱都没带，但既然来了，他也不想白跑一趟。这时，他灵机一动，在名帖上写上"贺钱一万"，

▲汉高祖刘邦像 清·姚文瀚《历代帝王真像》

便递上名帖，大摇大摆地走了进去。

县令家的客人名叫吕公，此人特别擅长相面，当他看到刘邦第一眼的时候大为震惊，连忙起身，把刘邦迎到堂上。刘邦也一点都不谦让，直接坐到了上座。

酒过三巡，吕公和刘邦越聊越投缘。吕公把刘邦留下来，悄悄对他说："我从年轻的时候起就喜欢给人相面，经我相过的面不计其数，从来没有谁像你面相这么贵气的。我有个女儿，名叫吕雉，我愿意把她许给你做妻子。"

没过多久，吕公就真的将女儿吕雉嫁给了刘邦，也就是后来临朝称制的吕后。

秦王为修建皇陵，从民间强行征召了大量劳役。一天，身为亭长的刘邦为县里押送劳役去骊山。一路上，很多劳役都趁刘邦不注意悄悄溜走了。刘邦很同情这些人，年纪轻轻就被抓来做苦力，所以对于那些逃跑的劳役也就睁一只眼闭一只眼。当走到丰邑西边的一片沼泽地带的时候，刘邦干脆停了下来，让大家坐下来陪他一起喝酒。

这时天色已经渐渐暗了下来，刘邦几杯浊酒下肚，更加同情起眼前的这些人来，对他们说："你们都走吧，我以后也不在这干了！"

劳役中有十几个小伙子被刘邦的豪爽和真诚打动了，他们执意要跟随刘邦。于是，刘邦便带领一行人走上了逃亡之路。

此时夜色已深，他们在沼泽地里小心翼翼地往前走着。就在这时，一条巨蛇突然出现挡住了去路，前面探路的小伙子吓坏了，不敢再向前挪动一步。

刘邦听人说有蛇，醉醺醺地说："男子汉大丈夫，有什么好怕的！"说完就借着酒劲儿走上前去，拔出剑来，把大蛇劈成了两段。

刘邦继续往前走，结果没走多远就醉倒在地，呼呼大睡。等他酒醒后，有人告诉他说，刚刚就在他斩蛇的地方，有个老太太坐在那儿哭，一边哭一边说自己的儿子白帝子化成大蛇，守在路上，结果被赤帝子给杀了。

刘邦一听，心里暗自惊喜，觉得自己确实有些与众不同，而跟随他的人也更加敬畏他了。

从那以后，沛中子弟都听说刘邦的身上有天子之气，纷纷前来投奔，越来越多的人开始追随在刘邦左右。

二　兴兵伐秦，约法三章

秦二世元年秋天，陈胜发动起义，反抗暴秦，自立为王，一时间，各郡县纷纷揭竿而起，响应陈胜。沛县县令听闻后也想带领沛县百姓响应陈胜，但是县里的大吏萧何和曹参却建议他，不如先把那些逃亡在外的人叫回来，他们可以充当人手，而且有这些人在，百姓也不敢不听从命令。

于是县令便派樊哙去叫刘邦，可是当县令见樊哙真的带着刘邦回来，又有些后悔了。这个时候，刘邦的手下已经聚集了百十来人，县令怕自己很难管住这些莽夫，便关闭城门不让他们进来。

萧何、曹参见县令出尔反尔，只好偷偷溜出城去投奔刘邦。此时的刘邦已经做好了起义的打算。他亲自写了封信，用箭射到城内，信上对沛城的百姓说："秦王暴政，百姓不堪其扰，眼下乡亲们却还在为秦王守城。如今各地诸侯已经纷纷起兵，大家如果杀掉沛县县令，另选主事之人，以响应各路诸侯，还能保全自己的家室。如若不然，恐怕很快就会被诸侯屠城。"

城中百姓见到此信，深受鼓舞，于是杀了县令，打开城门，把刘邦迎了进来。

大家都拥立刘邦当县令。刘邦再三推辞，百姓们却说："早就听说您的身上有天子之气，没有谁比您更合适了。"

▲刘邦返沛破城图

　　刘邦便在大家的拥立下做了沛县县令。他们在沛县府衙祭祀了黄帝和蚩尤，用牲畜的血染红了战鼓和军旗。因为传言刘邦是赤帝之子，所以一切都以红色为尊。萧何等人抓紧为刘邦召集兵力，没过多久，刘邦的手下就集结了两三千人。

　　此时，项梁和项羽也已经在吴中起义，是当时起义军中最强劲的一支队伍，人数已经达到数万人。刘邦知道以自己区区几千人的兵力，很难单独和秦军抗衡。恰逢此时，项梁在薛县集会，刘邦便前去薛县投奔项梁，和项梁、项羽一起以楚怀王的名义讨伐秦国。

　　项梁战死后，楚怀王合并了吕臣和项羽的军队归自己统领，任命沛公为砀郡长，封为武安侯，统领砀郡的军队。

　　这时，被秦军围困的赵国连连向楚军发出求救，楚怀王一边派宋义和项羽去解救赵国，一边让刘邦继续向西攻打，直逼关中要害。楚怀王曾和各路起义军立下约定："谁先占领关中，谁就是关中之王！"如今他却派刘邦去攻打关中，这样的决定显然对刘邦更为有利。

　　那么，楚怀王为什么要派刘邦而不是骁勇善战的项羽去攻打关中呢？其实，在此之前，项羽曾一再向楚怀王请命要率军攻打关中，但是楚怀王却有些犹豫不决。他询问过手下的老将们该派谁去打关中，大家都说："项羽这个人十分勇猛，但也太过凶残，一路烧杀抢掠，所到之处无不生灵涂炭。仗虽然打赢了，但是城池也毁了。我们应该派一个宽大忠厚的人进入关中，这样秦国的百姓也能少受点苦。沛公仁慈，派他去再合适不过了。"

楚怀王觉得老将们说得很有道理，便没有派项羽去攻打关中，而是派出了刘邦。刘邦也没有辜负楚怀王的期望，一路西进，攻进关中。

汉高祖元年（公元前 206 年）十月，刘邦的军队率先来到霸上，接受秦王子婴的投降。

身边的将领都劝刘邦："不如杀了秦王以绝后患。"

但是刘邦却对他们说："当初怀王之所以派我攻打关中，就是因为我为人宽厚，再说人家已经投降了，我们再夺人性命也太不地道了。"

于是刘邦便留下了子婴的性命，派人把子婴关了起来。接着，刘邦又带着一行人马来到秦宫。他第一次见到这么华丽气派的宫殿，一时间竟舍不得离开，想要据为己有。

樊哙和张良都劝他："如果您一入关中就贪图享乐的话，那在百姓心中，您和那些昏君又有什么区别呢？他们还能信服您吗？当务之急，您应该先在秦国百姓的心中树立起威信来。"

刘邦觉得他们说得很有道理，马上离开秦宫，重新回到了霸上。

很快，刘邦把关中各县的士绅都召集起来，对他们说："父老乡亲们，秦王暴政，这些年来你们受苦了！我和各路诸侯已经约定，谁先进入关内，谁就在关中为王。如今我先进入关中，那么我就是关中王。我现在就和大家约法三章：杀人者偿命，伤人者获罪，偷人财物者按情节轻重定罪，其他的秦朝法令一律废除，各级官吏可以继续办公。请大家放心，我们来这儿是为了除掉暴君，绝对不会损害大家的利益！"

秦国的百姓听了，高兴得发出阵阵欢呼，回家杀鸡宰羊送去犒劳刘邦的军队，但都被刘邦谢绝了。百姓们见刘邦的军队不占百姓分文，更加爱戴刘邦了，甚至恨不得他马上就成为关中之王。刘邦的威信就这样在秦国百姓心中树立起来。

很快，项羽也率大军来到了关中。这一次，项羽依然不改其杀人如麻的脾性，待鸿门宴饮之后，他便率兵屠戮了咸阳城，杀了秦王子婴，烧毁了秦宫，还把秦宫中的财宝、女人洗劫一空。秦地百姓因此恨透了项羽，觉得他比之秦王有过之而无不及，但是他们又很惧怕项羽，所以不得不屈服于他的淫威之下。

刘邦和项羽先后入秦，秦地百姓的境遇却截然不同。刘邦入秦，和百姓约法三章；项羽入秦，百姓却惨遭屠戮，苦不堪言。两人品行间的差距可见一斑。五年后，汉王刘邦登基为帝，君临天下，西楚霸王项羽却自刎于乌江边上，这恐怕也不能只归因于天命吧！

三　君临天下

汉高祖五年正月，刘邦在各路诸侯的拥护下，登基为帝。

刘邦在雒（luò）阳（今河南洛阳）设宴招待群臣。宴会上，刘邦突然问了大臣们一个问题：“你们知道为什么我能得到天下，而项羽却失了天下吗？”

高起和王陵说：“您懂得有福同享，对于有功之臣从来不吝啬封

▲明·刘俊《汉殿论功图》。汉高祖刘邦初立，功臣在殿上争功邀赏，
以致拔剑砍殿柱。叔孙通说服汉高祖召鲁地诸生，规定朝仪。

赏，而项羽却妒贤嫉能，对于有功之臣，他非但不奖励，还怀疑人家，这就是他失去天下的原因吧！"

刘邦说："你们只知其一不知其二。如果说运筹帷幄，我比不上张良；要论治理国家、安抚百姓、供应粮草，我比不上萧何；要论行兵打仗，我又比不上韩信，这三个人都是世上少有的人才，我能够重用他们，这才是我得天下的原因。而项羽只有一个范增，最后还被他逼走了，所以他失去了天下。"

听了刘邦这一席话，大臣们纷纷点头称是。正如刘邦所言，他取胜的关键正在于他能够知人善任，让有才能的人在他的手下各自发挥所长。而刘邦自己也很善于接纳他人的意见和建议，发现问题也能及时改正，正因为如此，那些有才能的人才会紧紧围绕在他身边，接受他的统帅。

即使刘邦已是万人之上的天子，他也依然很愿意听取大臣的建议。刘邦原本打算长期定都洛阳，但是张良等几个大臣极力劝说要他去关中定都。刘邦当天就起驾入关，到关中去建都了。

刘邦虽然贵为天子，也依然没有忘记沛县的家乡父老。刘邦出兵攻打英布，返回的路上恰好经过老家沛县，便停留了下来。

刘邦在沛宫中准备了酒席，他本来就好饮酒，这一次，他把沛县的家乡父老、亲朋好友全都请来一起纵情畅饮。酒酣之余，刘邦突然弹着琴，唱起自己编的《大风歌》来："大风起兮云飞扬，威加海内兮归故乡，安得猛士兮守四方！"

刘邦唱得动情，在场的孩子们也都跟着刘邦唱了起来。听着熟悉的乡音，刘邦的眼泪便止不住地往下落。

刘邦对父老乡亲们说："我虽然远在关中，但是我的心却一直在家乡，当初我是以沛公的身份兴兵伐秦的，如今我已取得天下，我要把沛县作为我的汤沐邑，免除沛县的赋税徭役。从此以后，沛县百姓世世代代都不必再纳税服役。"

刘邦在沛县住了十多天，每天都与乡亲们把酒言欢，叙谈往事。等到刘邦离开的那天，整个沛县城内空无一人，所有的百姓都到城西边去送刘邦。刘邦见乡亲们把家中的好酒好菜都拿来了，也不忍心驳了他们的好意，便扎下帐篷，和父老乡亲们又痛饮了三天。

这次出兵追击英布，刘邦不幸负伤，从沛县回宫之后没多久，刘邦的伤势就加重了。

公元前 195 年，刘邦病逝，享年六十二岁。

汉高祖刘邦是一个成功的政治家，他的政治制度和对后世的安排使大汉延续了长达四百余年的统治。刘邦开创的大汉帝国可以说是中国历史上最强盛的朝代之一，令后世国人景仰与怀念。

原典精选

高祖置酒雒阳南宫。高祖曰："列侯诸将无敢隐朕，皆言其情。吾所以有天下者何？项氏之所以失天下者何？"高起、王陵对曰："陛下慢而侮人，项羽仁而爱人。然陛下使人攻城略地，所降下者因以予之，与天下同利也。项羽妒贤嫉能，有功者害①之，贤者疑之，战胜而不予人功，得地而不予人利，此所以失天下也。"高祖曰："公知其一，未知其二。夫运筹策②帷帐之中，决胜于千里之外，吾不如子房；镇国家，抚百姓，给馈饷③，不绝粮道，吾不如萧何；连百万之军，战必胜，攻必取，吾不如韩信。此三者，皆人杰也，吾能用之，此吾所以取天下也。项羽有一范增而不能用，此其所以为我擒也。"

——《史记·高祖本纪》

注释

①害：嫉恨。

②筹策：古代计算数目时用的筹码，后引申为"谋划"之意。

③给馈饷：供应前方的粮食。

译文

高祖在雒阳南宫摆设酒宴。高祖说："各位诸侯和将领，你们不要瞒我，都说说真心话。我为什么能取得天下？项羽又是因为什么丢掉天下的呢？"高起、王陵回答说："陛下您虽然傲慢而且喜欢侮辱人，项羽为人宽厚。可是陛下派人攻打城池夺取土地，谁打下的地方就分封给他，这是有福同享。而项羽却妒贤嫉能，有功的就嫉恨人家，有才能的就怀疑人家，打了胜仗不给人家授功，夺得了土地不给人家赏赐，这就是他失去天下的原因。"高祖说："你们只知其一，不知其二。如果说运筹帷幄之中，决胜于千里之外，我不如张良；要说镇守国家，安抚百姓，供给粮饷，保证运粮道路不被阻断，我比不上萧何；要论统率百万大军，战则必胜，攻则必取，我比不上韩信。这三个人都是人中的豪杰，我却能够重用他们，这就是我能够取得天下的原因所在。项羽只有一个范增却还不信任使用，正因为如此他才会被我制服。"

知识拓展

约法三章

原指事先约好或明确规定的事，泛指订立简单的条款，以资遵守。

例句：从此以后，我们约法三章，谁也不能违反约定。

楚河汉界

楚河汉界，楚汉争霸时期的历史典故。楚、汉两方曾在荥阳展开长达四年的争夺战，后双方相约以鸿沟为界，中分天下。楚河、汉界指鸿沟，比喻界限清楚或是非分明。

例句：吵架之后，王刚在桌子上画了一条线，他告诉李明，这条线就是他们彼此之间的楚河汉界。

第十章 冷酷铁血 临朝称制——吕后

吕雉是汉高祖刘邦的皇后，是中国历史上有记载的第一位皇后和皇太后。吕雉是秦始皇统一中国、实行皇帝制度之后，第一个临朝称制的女性。吕雉冷酷铁血，有卓越的政治才华。她是一个杰出的政治家。

一　执掌大权

　　吕雉是高祖刘邦的结发妻子，早年刘邦还在沛县任泗水亭亭长的时候，二十岁的吕雉就嫁给了年长自己十五岁的刘邦，先后为刘邦生下一儿一女，也就是孝惠帝刘盈和鲁元长公主。

　　后来刘邦做了汉王，想要和项羽争天下。没想到，汉军在睢水被楚军打得落花流水，吕雉和刘太公也不幸被俘，作为人质羁押在楚营之中长达两三年之久。后来吕雉虽然回到了刘邦身边，但此时刘邦的身边已经有了年轻貌美的戚夫人，与吕雉的关系也就渐渐疏远了。

　　戚夫人为刘邦生下一子，取名如意。刘邦非常宠爱戚夫人，对她的儿子如意更是喜欢得不得了，觉得如意的脾性很像自己，便想立如意为太子，取代吕雉所生的刘盈。但是，朝中的大臣都极力反对，刘邦也只好作罢。

　　高祖十二年，刘邦驾崩，刘盈即位，也就是孝惠帝。此时孝惠帝只有十六岁，为人忠厚但性格软弱，身为太后的吕后便开始独掌大权。

　　高祖一死，吕后终于有机会除了戚夫人母子这对眼中钉了。她把自己过去受过的冷落，吃过的苦，全都算在了戚夫人和她的儿子赵王身上。吕后囚禁了戚夫人，多次宣召赵王进宫，想伺机杀害。

　　孝惠帝看出了母亲的打算，他很惧怕母亲，又不想让弟弟死在母亲的手中，于是就每天和赵王吃住在一起，让吕后找不到下手的机会。

▶南宋·刘松年《商山四皓图》。商山四皓是秦朝末年四位信奉黄老之学的博士，因不满秦始皇的焚书坑儒暴行而隐居于商山。汉朝建立后，吕后力请商山四皓出山，辅佐太子刘盈，以此让刘邦打消了改立太子的念头。

　　吕后不想当着儿子的面下手，就只能静静等待时机，终于，这一天还是让她等来了。一天清晨，孝惠帝外出打猎，赵王没起来，就一个人留在了宫中，吕后趁机派人给赵王送去了毒酒。等孝惠帝回宫时，赵王已经一命呜呼了。

　　吕后见戚夫人没有了赵王做靠山，变本加厉地折磨戚夫人，吕后先是一根一根地砍掉了戚夫人的手脚，接着又挖去了她的双眼，还用火烧她的耳朵，给她灌哑药，最后又把她丢进猪圈，取名叫作"人彘"。

　　光是这样还不够，吕后还把孝惠帝叫来看人彘。孝惠帝看到一个血肉模糊的怪物在猪圈里蠕动，顿时吓坏了，结结巴巴地问母亲："这是谁？"

　　吕后十分得意地告诉他："这是戚夫人呀！"

　　孝惠帝又惊又惧，不由得失声痛哭起来。更令他无法接受的是，自己最爱的母亲竟然如此残忍。为此，孝惠帝大病一场，从此自暴自弃，饮酒作乐，再也无心过问朝政。

　　从这件事情可以看出，吕后是一个非常冷酷铁血的人。

　　又一年，齐王刘肥（汉高祖的长子）入宫觐见，孝惠帝设宴款待。孝惠帝敬齐王是自己的兄长，把他请到了上座。吕后看在眼里，表面上没说什么，心中却因刘肥的不敬而起了杀心。她命人倒了两杯毒酒端给齐王，要他起来敬酒，齐王便站起来，随手从仆从那儿拿起一杯毒酒。

　　令吕后没想到的是，这时孝惠帝竟然也站起来，拿过另一杯毒酒，要同兄长一起给太后祝寿。

吕后吓得惊慌失措，慌忙起身，打翻了孝惠帝手中的酒杯。

孝惠帝一脸惊讶地看着母亲，不知道发生了什么事情。

齐王看到这个情形，也没敢再喝自己杯中的酒，假装不胜酒力，离开了王宫。

后来齐王托人打听才知道，原来杯子里装的是毒酒。齐王害怕极了，知道太后对自己起了杀心，但又不知道该怎么做才能活着走出长安城。

这时，旁人的一席话突然点醒了他："太后只生了孝惠帝和鲁元公主两个孩子，自然很是疼爱。你身为高祖的长子，如今已经有七十多个城邑了，公主却只有几个，如果你能把一个郡献给太后，作为公主汤沐之用，太后一定会很高兴的。"

齐王听了这个人的建议，向吕后献上了城阳郡，还尊鲁元公主为王太后。吕后非常高兴，再次大摆宴席，款待了齐王一番后，把他送出了长安城。

孝惠帝七年，刘盈病逝，去世的时候才不过二十出头。发丧那天，吕后捶胸顿足，掩面哀号，但是却没掉一滴眼泪。

张良的儿子张辟疆当时只有十五岁，见到太后这个样子，便对丞相说："太后只有孝惠帝这么一个儿子，现在人走了，太后看起来却不怎么伤心，你知道是为什么吗？"

丞相说："你来说说是怎么回事？"

张辟疆说："皇帝的儿子都还没成年，太后不说，但心里一定很害怕你们这些老臣，她肯定会想尽办法将你们这群人除掉。你如果想保住性命的话，不如现在就去请求太后，让吕家的人统领军队，等吕氏一族在朝中掌了权，你们也就安全了。"

丞相按张辟疆的说法去做，果然正中吕后的心思。自此以后，吕后的权势开始在朝中正式崛起。

二　扶植吕氏家族

孝惠帝去世后，太子刘恭即位。由于太子年纪尚小，吕后代行皇帝的职权，临朝称制，朝廷上下所有的号令都出自太后。

吕后终于正式登上了权力的舞台，她首先要做的就是扶植吕氏家族的子弟。她先是试探了一下大臣们的意见，结果遭到了左丞相王陵的极力反对，吕后便夺了王陵的丞相之职，气得王陵直接称病告老还乡。陈平、周勃等人虽然不满，却不敢公然反对这件事，他们表示完全听从太后的旨意。于是，吕后便开始着手操办封王这件事了。

吕后先是追封她已故的两个哥哥，封吕泽为悼武王，吕释之为赵昭王。随后几年时间里，她又陆续封侄子吕台为吕王，吕产为梁王，吕禄为赵王，封侄孙吕通为燕王；追尊自己的父亲吕公为吕宣王；封女儿鲁元公主的儿子张偃为鲁王；又将吕禄的女儿嫁给刘章，封刘章为朱虚侯；封吕释之的儿子吕种为沛侯，封外甥吕平为扶柳侯。吕台去世后，吕后又封他的儿子吕嘉代吕台为吕王，封自己的妹妹吕嫕（xū）为临光侯，封侄子吕他为俞侯，吕胜为赘（zhuì）其侯，吕忿为吕城侯。

▲吕雉皇后玉玺

　　吕后先后分封吕氏家族十几人为王为侯。这样一来，吕氏家族在朝中的地位更加稳固了。

　　除了吕家人以外，吕后最信任的是审食其（yì jī）。审食其是刘邦的同乡，当年吕后被俘，多亏有审食其陪伴在侧，对其多加照顾。吕后称制后封审食其为左丞相，负责监视朝内大小官员。

　　而对于那些诋毁甚至威胁到吕氏家族的人，吕后则会不择手段地将其铲除，以绝后患。

　　这时，随着时间的推移，少帝刘恭渐渐长大懂事，他听到了一些流言蜚语，知道自己并不是孝惠帝的亲生子，而是皇后受太后之命从别人那里抱来的孩子。

刘恭非常生气地说："皇后怎么能杀了我的生母，把我当她自己的儿子？我现在年纪还小，等我长大了，我一定要为我的生母报仇。"

这些话很快就传到了吕后的耳朵里。吕后大吃一惊，接连几天，她都心神不安，总担心刘恭日后会造反。于是，她悄悄地把刘恭囚禁起来，对外宣称皇帝病重。没过多久，她又以皇帝重病为名，废除了刘恭，立孝惠帝的另一个儿子常山王刘弘为皇帝。

吕后对待皇帝废立之事都能做到如此铁血，更不用说对付那些反抗她的王侯了。尤其对刘姓王侯，吕后向来极为提防。

高后七年，吕后召赵王刘友来都城。刘友是刘邦的第六个儿子，自刘如意死后，被封为赵王。刘友娶了吕家的姑娘为妻，却不怎么喜欢她，反而更加宠幸另外一个小妾。吕家姑娘一气之下，便跑到吕后那里告了自己丈夫的黑状，说他诽谤吕后，想要密谋造反。吕后听后大发雷霆，立刻把刘友从赵国召进都城，将他软禁起来，也不给他东西吃，要将他活活饿死。

刘友饿得两眼发昏，精神恍惚，开始愤愤不平唱起歌来："吕氏专权，刘氏遭殃，听信谗言，加害忠臣，天可怜见，为我报仇！"

没过几天，赵王刘友便死在了宅邸之中。

赵王一死，吕后又将诸王进行了一番调整，她将梁王刘恢改封赵王，吕王吕产改封梁王，昌平侯刘太立为吕王。刘恢压根不想去赵国，所以就一直拖着不肯走，吕后担心他有异心，就把吕产的女儿嫁给他做妻子，实则暗中监视他的一举一动。但是刘恢也和刘友一样，一点也不喜欢这个硬塞给自己的妻子，每天都和另一个宠妾厮混在一起。

吕后得知此事，赐死了宠妾，刘恢悲痛自杀。

一时间，赵王的人选又落空了，吕后便派遣使者去请代王刘恒，想让他来统治赵地，刘恒听说了前两任赵王惨死的事情，知道太后一心想扶植吕氏家族的人，对刘氏子弟极为防范，说什么也不肯去赵地就任，一心留在代国戍守边疆，吕后也就没有强求他。

没过多久，吕后在吕产和陈平的建议之下，立武信侯吕禄为赵王，追尊吕禄的父亲为赵昭王。所有的一切都如她所愿，吕氏家族的地位更加稳固了。

三　吕氏集团的覆灭

吕后在临朝称制期间，考虑到百姓刚刚经历过战乱，一直采取"与民休息"的政策，很少动用刑罚，犯罪率也很低。百姓们都忙于耕作，天下太平，经济也得到了较好的恢复和发展。

高后八年，吕后病重，她料到自己死后，刘氏家族和大臣们一定不会放过吕氏家族的人，便提前做好了准备。她宣布赵王吕禄为上将军，统帅北军，吕王吕产统帅南军，并再三叮嘱他们："高祖平定天下之后，曾和大臣们约定，只有刘氏子弟才能称王。可是这些年来，我们吕氏子弟个个封王封侯，大臣们不满已久。如今皇帝年龄尚小，只要我一死，大臣们就一定会起来造反。要是真有这一天，你们一定要把军权牢牢抓在手中，守住朝廷！"

同年八月，吕后病逝。一时间朝廷无主，齐王刘襄（刘肥之子）在弟弟朱虚侯刘章的鼓动下发动起义，他写信给各位诸侯王，一一列举了吕氏家族的各项罪名，称自己要替天行道，率军除掉那些鸠占鹊巢的人。

吕产得知了这个消息，马上派颍阴侯灌婴带军去攻打齐王。

当时满朝文武之中，几乎没有不痛恨吕氏家族的。吕后在世之时，大家都畏惧吕后的权势，不敢反抗，如今吕后不在了，他们便开始筹谋着尽快铲除吕氏家族。灌婴是刘邦的旧部，早已对吕氏家族恨之入骨，他率兵刚一到荥阳，便和齐王及各路诸侯联合在一起，只等吕氏的人作乱，就带兵将其铲除。

朝廷这边，太尉周勃也一直在想方设法收回吕家的兵权，他知道曲周侯郦商的儿子郦寄和吕禄很要好，便说服郦寄去骗吕禄。

郦寄见到吕禄，劝他说："如今太后已经病逝，你不快点回赵国，还率兵留在这儿，这不是惹人怀疑吗？你还是尽快把军权交给太尉吧。还有梁王，你也劝劝他，一起把兵权都交了吧。你们都回到自己的封国，齐王那边肯定就会收兵，双方也就相安无事了。"

吕禄很信任郦寄，觉得他说得很有道理，便把这些话转告了梁王吕产（公元前182年，吕产被任命为吕王，次年，又改封为梁王）和其他吕氏家族的人。大家听了，有的表示赞同，有的却觉得万万不可，一时间吕禄也没了主意。

周勃见吕禄这边迟迟没有动静，又想尽快进入北军军营，只好假传号令，先进入北军，然后又派郦寄去骗吕禄。

郦寄对吕禄说："皇帝已经派太尉统帅北军，你还是尽快交还军权，速回封国吧，不然就要大祸临头了！"

这一次，吕禄对郦寄的话深信不疑，马上交出了印绶和兵权。于是，周勃统帅了北军。

这个时候，吕产还不知道吕禄已经交了兵权，他带军潜入未央宫，想要趁机作乱。然而，这一切却早已被丞相陈平知晓，他让朱虚侯刘章进宫协助周勃。刘章带兵冲进未央宫，把吕产杀死在厕所中。

吕产已除，南北兵权也都已收回，吕氏家族也就不足为惧了。周勃随即派人把吕家上下男女老少速捕起来，全部处死。赵王吕禄、燕王吕通均被诛杀。

四　新君即位

国不可一日无君，吕氏家族已被尽数歼灭，当务之急是选定一个合适的人选即位。大臣们都觉得，如果让吕后所立之人当了皇上，等他掌权之后，很有可能会为吕后报仇，倒不如从诸王中选一个最贤明的人来做皇帝。

有人提议说："齐王刘襄是个不错的人选，他父亲本就是高祖的长子，那他就是高祖的长孙，可以立为皇帝。"

其他大臣听了纷纷摇头，说："吕后在世的时候就是外戚专权，差点毁了高祖的基业，如今齐王母亲的娘家也不是个善类，如果立齐王为帝，很难保证不会再出一个吕氏。"

大臣们思来想去，最后还是选定代王为天子的最佳人选。代王是高祖之子，在所有刘姓王侯中，属他辈分最长，而且代王为人宽厚，他的母亲薄氏家族也非常善良，可谓天子的不二人选。

于是，朝廷派出使者前去代国请刘恒到长安继承王位。刘恒一再退让，但大臣们始终坚持自己的请求，最后终于说动了刘恒。

公元前180年，代王刘恒入主长安，继承皇位，即孝文帝。

吕后先后掌权达十五年，是中国历史上三大女性统治者之一。吕后当政时期，主张无为而治，这使得创自刘邦的休养生息的黄老政治进一步得到推行，为后来的"文景之治"奠定了坚实的基础。

原典精选

太后称制①，议欲立诸吕为王，问右丞相王陵。王陵曰："高帝刑白马盟曰'非刘氏而王，天下共击之'。今王吕氏，非约也。"太后不说。问左丞相陈平、绛侯周勃。勃等对曰："高帝定天下，王子弟，今太后称制，王昆弟诸吕，无所不可。"太后喜，罢朝。王陵让②陈平、绛侯曰："始与高帝啑血盟③，诸君不在邪？今高帝崩，太后女主④，欲王吕氏，诸君从欲阿意背约，何面目见高帝地下？"陈平、绛侯曰："于今面折廷争，臣不如君；夫全社稷，定刘氏之后，君亦不如臣。"王陵无以应之。十一月，太后欲废王陵，乃拜⑤为帝太傅，夺之相权。王陵遂病免归。

——《史记·吕太后本纪》

注释

① 称制：行使皇帝的职权。

② 让：责问、责备。

③ 啑血盟：啑（shà）通"歃"，即歃血为盟。

④ 女主：临朝称制的太后或皇后。

⑤ 拜：任命，授予官职。

译文

吕太后代行皇帝职权，她与众位大臣商议，想要封吕家的人为王侯。

她询问右丞相王陵，王陵说："高祖杀白马立下誓言：'不是刘氏子弟而称王的，天下的人可以共同讨伐他。'现在吕氏的人想称王，这有悖于盟约。"太后很不高兴，又问陈平和周勃。他们说："高帝平定天下，封刘氏子弟为王，如今太后代行天子之职，封吕氏诸兄弟为王，没什么不可以的。"太后很高兴，退朝回宫。王陵责备陈平、周勃说："当初和高祖歃血为盟，你们不都在场吗？如今高祖驾崩，太后掌权，想要给吕氏子弟封王封侯，你顺从太后的想法，阿谀奉承，背弃盟约，有何颜面见九泉之下的高帝？"陈平、周勃说："今日当面反对太后，在朝堂之上据理力争，我们比不上你，但要论保全社稷，安定刘氏后代，你却不如我们。"王陵无言以对。十一月，太后想要罢免王陵，任命王陵为皇帝的太傅，剥夺了他的实权。王陵于是称病告老还乡了。

知识拓展

什么是临朝称制？

所谓"临朝称制"，是指中国古代由皇后、皇太后或太皇太后等女性统治者代行皇帝职权。

皇帝的命令称为"制"，女性统治者掌权后代理皇帝职责，其命令上升到皇帝的级别，所以叫"称制"。

吕雉是秦始皇统一中国，实行皇帝制度之后，第一个临朝称制的女性，其后临朝称制的女性有武则天、慈禧。

第十一章 广施德政 以民为本——汉文帝

汉文帝刘恒为人宽容平和，他在位期间，励精图治，弛山泽之禁，躬修节俭、减轻徭役、废除肉刑，使汉朝进入强盛安定的时期。汉文帝与其子汉景帝统治时期被合称为『文景之治』。

一 登基为帝

汉文帝刘恒是高祖刘邦的第四个儿子，高祖十一年（公元前196年）春天，刘邦平定了代地，封刘恒为代王。高后八年（公元前180年）吕后去世，在忠臣的商议推举下，立代王刘恒为皇帝，即汉孝文帝。

吕太后驾崩后，丞相陈平、太尉周勃立即派人到代国去接刘恒。当年吕太后在世时，代王刘恒畏惧吕太后，从不参与朝廷的政治纷争，突然听说要让自己去继承天子之位，心中不免有些打鼓，连忙召集身边的亲信大臣过来商议此事。

郎中令张武等大臣对于朝廷的邀请持怀疑态度，他们说："如今朝中的这些大臣都是高祖身边的大将，足智多谋，却也阴险狡诈，他们前脚刚灭了吕氏一族，后脚就来接您登基为帝，恐怕其中有诈。大王不如先假托有病，观察一番再做决定。"

然而，中尉宋昌却和他们意见不同，他说："你们都多虑了，如今天下已定，无论是诸侯豪杰，还是天下百姓们都已经诚心归顺大汉，信服刘氏登上天子之位。这不是谁想撼动就能撼动的，如果有谁想犯上作乱，恐怕就连老百姓都不会答应。更何况如今京城中有朱虚侯、冬牟侯这样的亲族，京城外还有吴、楚、淮南、琅琊、齐、代这些强大的诸侯，谁还敢动您？况且，现在高祖的儿子也就只剩下您和淮南王了，而您又年长于他，还有仁义贤能的美名，大臣们请您去即位完

▲汉文帝像 清·无名氏《历代帝王圣贤名臣大儒像》

全是顺应民心，您大可不必怀疑他们的诚意。"

刘恒觉得宋昌说得很有道理，但还是有些犹豫不决，他又找人为他烧龟甲进行占卜，只见龟甲上显现出一条极大的横纹，正是大吉的天子之兆。

这时，被刘恒派往京城的大臣也回来报告，朝廷那边没有问题。刘恒这才带上宋昌、张武等六人，前往长安即位。

二　巩固社稷，广开言路

公元前 179 年，孝文帝刘恒即位。

文帝继位后，首先任命自己的心腹宋昌、张武为卫将军和郎中令，负责守卫皇宫、京城，其他从代国随行而来的家臣均位列九卿。随后文帝又调整陈平任左丞相，周勃任右丞相，灌婴任太尉，并嘉奖了之前铲除吕氏家族的列位功臣，对于被吕后贬斥的刘姓王公也都恢复了爵位和封地。就连曾经跟随高祖创下基业的老臣，他也没有忘记，一一进行了封赏。朝中上下，均感念文帝的恩德，文帝的帝位也随之得到了巩固。

帝位稳固之后，大臣们纷纷进言请汉文帝尽早确立太子。但是汉文帝觉得自己本来就是被大臣们推选上来的，才刚刚即位，还没有取得什么功业就立太子，实在有些不妥当，便对大臣们说："我才德有限，如今既没有得到百姓的认可，也没有像尧舜那样遍寻天下贤良之士，却要早早地立太子，这让我怎么向百姓交待？"

大臣们说："尽早确立太子，正是为江山社稷着想啊！"

汉文帝却说："楚王是我的叔父，见多识广；吴王是我的兄长，仁义贤德；淮南王是我的弟弟，一直辅佐在我身旁。这些都是堪当大任的人，有他们辅佐江山社稷还不够吗？还有那么多的侯王、能臣，他们也都是有才德的人。你们如果想让社稷稳固，可以推选更多贤德的人来辅佐我，为什么一定要我现在立太子呢？我早早立下太子，人们会不会以为我只想让自己的儿子继承王位，却不为天下人设想呢？"

大臣们又说："从殷商到周朝，都是立太子作为皇位继承人，即使是各个诸侯国，也是由各位诸侯的子嗣继承爵位，父死子继，这个方式已经传承了千年，只有这样才有利于朝代的稳固，高祖当年也是考虑到这一点才确立延续这样的制度。陛下如果不立自己的子嗣，另

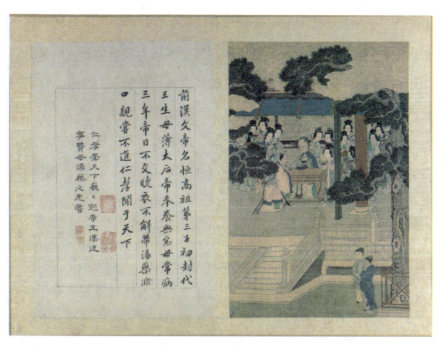

前漢文帝名恒高祖第三子初封代王生母薄太后帝奉養無怠母常病三年帝日不交睫衣不解帶湯藥非口親嘗不進仁孝開于天下

仁孝臨天下歟（剣帝王漢逆事賢母湯藥父光嘗

▲明·仇英《纯孝图册之前汉文帝图》

立他人，那就违背了他的意思。陛下的儿子启年纪最长，为人醇厚仁爱，请您立他为太子吧！"

汉文帝思量了一番，觉得大臣们说得也有道理，于是便立儿子刘启为太子，立刘启的母亲窦姬为皇后。随后，又在大臣们的建议下，一一册封了其他诸位皇子为诸侯王。

从册立太子一事上可以看出，汉文帝虽居天子之位，却并不居高自傲，反而时刻反省自身存在的问题，对贤能之人心怀敬畏，不愧为一代英明君主。

汉文帝时刻提醒自己，一定要做一个英明贤德、施政公平的君主。

有一次，天空出现了日食，汉文帝非常紧张，担心是因为自己不够贤德，施政不够公平才导致天象出现异常。他马上发布诏令，让大臣们帮他查找过失，并推举有才能的人和能直言纳谏的人，以防止自己为政的过程中出现疏漏。

汉文帝认为，要想做好一国之君，最重要的一点就是要广泛地听取意见，这样才能清楚问题所在，找到解决问题的方法，及时进行调整。为此，他修正了国家的法令，废除了一些因言获罪的罪名。

他对大臣们说："古人为了治理天下，都会设置进言的旌旗，和批评朝政的木牌，这样才会有更多的人来进献忠言。我们的法令可好，专门设置一些惩治妖言惑众的罪状，这样一来谁还敢说真话呢？身为皇帝，身边却没有敢说真话的人，又从哪去知道自己有哪些过失呢？这样的法令，应该尽早废除。还有一些愚昧无知的小民说了皇帝的坏话，一旦被告发，就被认为是大逆不道，这都是很不可取的，以后这类罪名不要再有了。"

汉文帝打通了谏言的途径，越来越多的贤能之人聚集在他的身边，社会发展蒸蒸日上。

三　平定匈奴

汉文帝三年，朝廷日益稳固。汉文帝见所有一切基本已经走上了正轨，便命周勃等人回到自己的封地，任灌婴为相，将太尉的兵权也交给了灌婴。

不久，边境就传来了匈奴作乱的消息。

从高祖刘邦开始，西汉便施行"汉匈和亲"制度，汉和匈奴通过嫁娶公主来保持和睦相处的关系。汉文帝时期，继续采用和亲制度。但是匈奴右贤王却背弃了和亲之约，开始侵入中原地区，进行烧杀抢掠，威胁到都城的安全。于是，汉文帝派出骑兵八万五千人前往高奴（今陕西省延长县），又命灌婴率兵反击匈奴，逼迫匈奴退回边境。

击退匈奴后，汉文帝来到代地，召见了自己过去的旧臣，赐予奖赏，还免去了当地百姓的三年赋税。

重回故地，汉文帝很开心，在那儿一住就是十几天。济北王刘兴居得知这个消息，想以起兵追击匈奴为名，兴兵造反，攻打荥阳。

汉文帝接到消息后，命灌婴撤回部队，另派陈武为大将军，率十万大军讨伐叛军，并下令："济北的官吏和民众，凡是在朝廷军队到来前自动停止反叛活动的，或者率军投降的，一律无罪赦免，官居原职。那些参与叛乱但后来投降的也均既往不咎。"

汉文帝的命令让济北的官员和百姓吃了一颗定心丸，他们不用担心被朝廷问罪，自然也就不愿搅进叛乱之中。没过几个月，济北叛军便被悉数剿灭，刘兴居被俘自杀，那些随济北王造反的官吏和百姓都获得赦免。

汉文帝十四年冬天，匈奴又一次侵入边境，这一次，匈奴杀死了边境的都尉。这彻底激怒了汉文帝："朕一定要御驾亲征，打压匈奴的气焰！"

大臣们极力劝阻也无济于事，最后还是皇太后出面才拦住了汉文帝。

汉文帝自己无法御驾亲征，只得派出三员大将，很快便击退了匈奴。

匈奴屡屡进犯，让汉文帝很是烦恼，整日心神不宁，惶惶不安。他一次次派出使者去和匈奴首领谈判，希望能继续过去的和亲之路。然而匈奴却不死心，没过多久便再次出兵六万人，分两路入侵上郡和云中郡，汉文帝只好派周亚夫、张武、刘礼人等驻扎在边境要塞，以防备匈奴，待匈奴撤退，再带兵撤回。

匈奴一直是汉文帝的一块心病，为了谋求安定的和平环境，汉文帝对匈奴一直采取克制忍让的态度，并没有大举兴兵讨伐。这也使中原地区的社会经济迅速地恢复和发展，为后来汉武帝彻底解决匈奴问题打下了基础。

四　宽俭待民

汉文帝作为一朝天子，时刻以百姓安居乐业为己任，精兵简政，宽俭待民。

汉文帝十分重视农业，认为农业是国家的根本，他见农民每日耕作十分辛苦，却还要缴纳田租，便下令免除了农田的租税。他还要求各地减少徭役和赋税，将军队主要用于边防，而都城内的军队则能减则减。

为了鼓励百姓耕种，汉文帝还命人开辟了皇帝亲自耕种的籍田，专门用来耕种给宗庙祭祀用的谷物，做表率作用。

在法令制度的设立上，汉文帝废除了"连坐法"和"肉刑"，大大减轻了百姓面对酷刑的心理压力。

所谓的"连坐"，是秦始皇时期商鞅拟定的法令，一人获罪，和他有关系的亲属也随之受到牵连，故称"连坐"。之所以制定这样的法律，一是防止出现亲友包庇罪犯的情况，二来也是为了让坏人行恶时，心里想到亲人会受牵连也能有所忌惮。连坐制度牵连了很多无辜之人，让百姓十分惧怕。

汉文帝对大臣们说："法令是治理国家的准绳，是用来惩恶扬善的工具。犯罪之人理所应当受到法律的惩处，但不应连累无辜的妻儿老小。如果一个法令的实施不能公正地对待百姓，让他们心服口服，反而会伤害无辜之人，那这样的法令又怎么能制止犯罪呢？它只能逼人去做更凶恶的事。"

正是出于这样的想法，汉文帝下令废止了"连坐法"。

汉文帝还废除了肉刑。所谓"肉刑"，指的是残害犯罪者肉体的刑法，比如像刺面、割鼻等，这些刑罚会对犯罪者的肉体造成永久性的损伤，令百姓望而生畏。

汉文帝十三年，齐国的太仓令淳于恭犯了罪，按照法令应处以肉刑，他最小的女儿缇萦（tí yíng）一路跟着父亲来到长安，向朝廷上书，恳请代父受过。

缇萦在上书中这样写道："我的父亲为官清廉，如今触犯法律，理应接受刑罚的处置。但是，令我难过的是，受了死刑的犯人再也不能活过来，受了肉刑的肢体也没办法再接起来，这样一来，犯人即使想改过自新，也是不可能了。我的父亲被判处肉刑，我愿意为奴为婢，以代替父亲受罚，只希望他能有机会改过自新。"

汉文帝看到上书，为缇萦的孝心所感动，决定下诏书废除肉刑。他对大臣们说："听说舜帝在位的时候，如果有人犯了罪，就在他的衣帽上画上特别的图案，或者给他穿上特制的衣服，这样就可以对犯人起到警示的作用。这样的方式在当时之所以能够有效地控制犯罪，主要就是因为当时对百姓德行的教化很到位。如今，我们的法令中有刺面、割鼻、断足这三种酷刑，可是犯罪行为仍然屡禁不止，这难道不是因为我们对百姓的教化远远不够吗？正是因为我们教化的方式不好，才会让一些愚昧之人走上犯罪之路。现在有人犯了错，我们却不对他进行教化就动用酷刑，百姓哪里还有改过的机会呢？况且现在的刑罚动不动就伤人肌肤，断人手足，这实在是太不可取了。"

汉文帝又让大臣们提议，看是否有什么好的方式代替肉刑。大臣们商议之后，拟定了一个方法，用打板子代替了肉刑。

汉文帝处处以百姓为先，以民为本，即使是在祭祀的时候，他也要求祭祀的官员多为百姓祈福，而不要为他个人祈福。

有一年大旱，又发生了蝗灾，汉文帝为了减少百姓负担，下令诸侯可以不用再向朝廷进贡，并解除了民众不能开发山林湖泊的禁令。同时，他还下令精简宫中仆从、官吏的人数，减少车马、服饰方面的

▲明·杜堇《伏生授经图》。该图描绘的是汉文帝派使者晁错向儒者伏生求治《尚书》，如今流传的《尚书》便出自伏生。

开支，省下的财物、粮食都用来救济百姓。

汉文帝在位期间，从未在宫室、园林、服饰、车马等方面进行过多花费。他原本想建一个高台，但是召来工匠一计算，发现造价太高，便作罢了。他还规定，建造他的陵墓一律使用瓦器，不准用金银铜锡做装饰，一切从简，以减少百姓的负担。

汉文帝一生宽俭待民，因此，他在位的时候，天下富足，礼仪兴盛。

公元前157年，汉文帝在未央宫去世，留下遗诏，劝诫子孙和百姓不要为自己的死而过分悲伤，丧事一切从简，全国上下哭吊三日即止，切勿影响百姓正常生活。

汉文帝在位二十三年，由于施行了一系列有效的政治、经济政策，使当时社会经济获得了显著的发展，统治秩序也日臻巩固。西汉初年，大侯封国不过万家。到了文帝和景帝时期，流民还归田园，人口迅速增长。列侯封国大者至三四万户，中国社会开始进入治世。

原典精选

十二月，上曰："法者，治之正也，所以禁暴而率善人也。今犯法已论，而使毋罪之父母妻子同产①坐之，及为收帑②，朕甚不取。其议之。"有司皆曰："民不能自治，故为法以禁之。相坐坐收③，所以累其心，使重犯法，所从来远矣。如故便。"上曰："朕闻法正则民悫④，罪当则民从。且夫牧民而导之善者，吏也。其既不能导，又以不正之法罪之，是反害于民为暴者也。何以禁之？朕未见其便，其孰计之。"有司皆曰："陛下加大惠，德甚盛，非臣等所及也。请奉诏书，除收帑诸相坐律令。"

——《史记·孝文本纪》

注释

①同产：同母所生者。

②收帑（nú）：古时，一人犯法，妻子连坐，没为官奴婢，叫作收帑。

③坐收：因连坐而收监入狱。

④悫（què）：诚实、谨慎。

译文

十二月，孝文帝说："法令是治理国家的重要依据，是用来遏制暴行、劝导向善的工具。如今犯罪的人已经治罪，却还要让他们无罪的父母、妻子、儿女和兄弟因为他们受牵连，甚至被收为奴婢。我认为这是不可取的，你们再讨论一下吧。"主管官员都说："百姓不能管控自己的行为，所以制定法令来制止他们做坏事。无罪的亲属连坐，就是要使人心中有牵挂，认识到犯罪的严重性。这种刑罚由来已久，还是按以前的去做比较妥当。"孝文帝说："我听说法令公正百姓就诚实，判罪得当百姓就信服。治理百姓要引导他们向善，如果既不能劝人向善，又使用不公正的法令处罚他们，这样反倒是害了百姓，迫使他们成为施暴者。这怎么能制止犯罪呢？这样的法令，我看不出它的好，请你们再仔细考虑考虑。"官员们都说："陛下施恩于天下，功德无量，不是我们这些做臣子能达到的。我们遵从诏书，废除收为奴婢等各种连坐的法令。"

知识拓展

什么是"文景之治"？

"文景之治"指西汉汉文帝、汉景帝统治时期出现的治世。

汉初，因连年战乱导致社会经济衰退、民生凋敝，汉朝推崇无为而治，采取"轻徭薄赋""与民休息"的政策。

文景时期，由于文帝提倡节俭，朝廷的开支有所节制，贵族官僚也一改奢靡之风，从而减轻了百姓的负担。

文帝和景帝还很重视农业，曾多次下令劝课农桑，奖励努力耕作的农民。每年春耕时，皇帝还会亲自下地耕作，给百姓做榜样。

文帝和景帝还十分重视有识之士，听取和采纳他们有利朝廷的建议。

在文帝和景帝的治理下，社会的经济得到恢复并且迅速发展，人民的生活水平得到了大幅度提升，物质富足，百姓安居乐业，是中华文明迈入封建君主专制时代后的第一个盛世。

第十二章　加强集权　征伐四方——汉武帝

汉武帝刘彻，是汉景帝刘启的儿子，十六岁登基即位，在位期间推行了一系列政治经济文化制度改革，对外则采取扩张政策，开拓疆土，辟丝绸之路。汉武帝是中国封建王朝中最杰出的君主之一，以其雄才大略奠定了汉王朝强盛的局面，成就了中国封建王朝第一个发展高峰。

一　独尊儒术，加强集权

公元前 141 年，汉景帝驾崩，刘彻即位。汉武帝即位时，汉朝已经建立六十多年了，此前的"文景之治"，让汉朝的经济得到了很好的恢复和发展，天下安定，百姓安居乐业。到了汉武帝时期，汉武帝和臣子们都希望可以通过一些制度上的改进来进一步推动大汉的发展。

与汉初所推崇的主张清静无为的黄老之术不同，汉武帝更青睐儒家学说。在选官方面，他通过推选"贤良方正"的方式来招纳有才能的人为朝廷服务。所谓的"贤良方正"，指的是由公卿、诸侯王、郡守等高级官吏举荐，送至朝廷，皇帝亲自过问，分别高下，授以官职。像赵绾、王藏等西汉著名的儒臣都是靠文采出众、博学广识而被推选为官员，达到公卿的高位。

赵绾和王藏一直想将儒学发扬光大，于是，他们建议汉武帝按古制，在城南建立明堂，用来朝会诸侯，宣明政治教化。但是此时汉武帝才刚刚即位，朝政主要由窦太后把持着。而窦太后并不喜欢儒术，反而对老子的道家学说甚为推崇。赵绾便劝汉武帝，不要什么事情都奏禀太后，结果被窦太后知道，赵绾因此被罢官，最后死在了狱中，而他们主张的那些事情也就被迫中止了。

汉武帝二十二岁那年，窦太后病逝，汉武帝终于大权在握，他又开始征召有才能的文人，亲自进行策问。

被推举的官吏只有经过皇帝的策问才能入朝为官。有一个叫董仲舒的儒生被推举参加策问。汉武帝对董仲舒很是看重，便问了他三个问题：一是如何巩固统治，二是如何治理国家，三是关于天人感应的问题。

针对汉武帝的提问，董仲舒连上三篇策问作为回答，也就是著名的"天人三策"。董仲舒在"天人三策"是这样回答汉武帝的：首先，君权乃上天所授。君主受命于天，是听从上天的旨意来治理天下，所以百姓都应绝对服从君主。同时，上天也会以天象来警示君王，通过异象和灾难来谴责帝王的失职行为。像日食、干旱、水灾等这些天象和灾害，都应该引起君主的警觉，及时反省自己为政的过失。信奉天道，就是治国之道。

那么该如何推行天道，治理国家呢？董仲舒认为儒家思想可以为推行天道提供具体方法。为此，董仲舒建议"罢黜百家，独尊儒术"。

▲董仲舒像　清·无名氏《历代帝王圣贤名臣大儒像》

也就是将儒术确立为王朝的统治思想，而对其他诸子学说进行贬黜。董仲舒希望通过广设学校，来散布儒家道德礼仪，维护儒家地位和君主专制政权。董仲舒所提倡的"罢黜百家，独尊儒术"并非单纯以尊儒为目的，而是为了树立一种国家唯一的统治思想，用思想上的统一来为政治上的大一统服务。

因此，董仲舒所倡导的儒术已经不单单是纯粹的儒家思想，而是结合了道家、阴阳五行家和法家的一些思想对儒家思想进行了改造，以适应统治者的需要。针对加强君权的需要，董仲舒提出"天人合一""天人感应"和"君权神授"的思想。针对土地兼并现象，董仲舒进一步发挥儒家的仁政思想，主张限田、薄敛、省役，以减轻农民的负担，缓和阶级矛盾，巩固君主统治。针对百姓教化，董仲舒提出"三纲五常"的思想，三纲即君为臣纲，父为子纲，夫为妻纲；五常即仁、义、礼、智、信。通过设立这些伦理纲常，来维护社会的伦理道德和政治制度，进而维护封建君主专制。

汉武帝对董仲舒的回答很是欣赏，便听从他的建议在京都长安创立了专门的儒学教育——太学，作为国立最高学府。

汉武帝之所以如此推崇儒术，最重要的原因，主要还是为了在统一民众的思想的基础上，进而实现政治上的大一统。独尊儒术是汉武帝加强中央集权在文化思想方面的重要体现。

在推崇儒术之外，汉武帝还通过严明的法令法规，以及刑罚来巩固政府的权威和显示皇权的地位。

当时，西汉各诸侯国的势力日益增强，从文帝和景帝开始，就一直在为限制和削弱诸侯王的势力而发愁。这时，主父偃上书提出了"推恩令"，被汉武帝采用。所谓"推恩令"，就是让诸侯王将自己的封地分给自己的子弟。以前各诸侯所管辖的区域只由其长子继承，现在则由诸侯王的长子、次子、三子共同继承。表面上看来，推恩令让更多的人享受到国家的封地和恩赏，但是这样一来，各诸侯王所得的封地就越来越小，也就分散了各自的势力，从而凸显了中央集权的力量。

在打压诸侯权力的基础上，汉武帝又在中央设立了"中朝制"，选用一些地位较低的内廷人员参与朝政，以分散丞相的权力。

在地方，汉武帝改革设立十二州刺史，用来监察地方，抑制地方豪强势力，加强中央对地方的管控。汉武帝还重用酷吏，对称霸一方、妨碍政令的统一的地方豪强进行打击，下令把他们迁往关中，进行监视。

在财政制度方面，汉武帝把铸钱权收归中央，铸造五铢钱作为国

▲汉代五铢钱

家统一的法定货币，并将冶铁、煮盐、酿酒等民间生意交由中央管理，这样一来，全国物价平稳，经济稳定发展。

经过一系列制度改革之后，汉武帝有力地削弱了地方割据势力，加强了中央对地方的管控，将权力牢牢掌握在自己手中。

二 平定匈奴，征伐四方

自汉朝建立以来，北方匈奴一直是皇帝的心腹大患，即使和亲，送金银珠宝也无法阻止匈奴的侵扰。汉武帝即位后，决定要彻底解决匈奴的威胁。

汉武帝从来降的匈奴口中得知，在敦煌、祁连山一代住着一个叫作大月氏（zhī）的游牧民族。大月氏经常和匈奴发生冲突，在一次冲突中，大月氏的首领惨死在匈奴的手中，族群也随之被迫西迁。从此之后，大月氏便一直在等待时机向匈奴复仇，夺回自己的领土。

汉武帝知道这个信息后，便想联合大月氏一起攻打匈奴。当时，大月氏定居在新疆伊犁一代，如果想和大月氏建立联系，就得派使者前去商议。这时，身为郎官的张骞自愿应招出使西域。

公元前 139 年，张骞奉命率领一百多人从陇西出发，可是张骞刚刚穿过河西走廊，一行人马便被匈奴抓获，张骞被匈奴软禁起来，扣留了十年之久。直到有一天，张骞趁匈奴不备，才带着几个仆从逃了出来，继续西行，最终抵达大月氏。

张骞再回到长安见汉武帝，已经是十三年后了，张骞出使时带着的人员，只剩下他和堂邑父（随军的匈奴语翻译），还有他的匈奴妻子三个人回来。遗憾的是，这次出使，并没能完成和大月氏结盟的任务，但对于西域的地理、物产、风俗习惯有了比较详细的了解，为汉朝开辟通往中亚的交通要道提供了宝贵的资料。

公元前119年，汉武帝派张骞再度出使西域，去游说乌孙等国家一起对付匈奴。

四年后，张骞回来，还是没有得到对方肯定的答复，但是汉朝和乌孙国从此建立了很好的邦交。

汉武帝两次派张骞出使西域都未能如愿和对方建立联盟，但是这并没有减弱汉武帝打击匈奴的决心。

早在张骞第一次出使西域之时，汉武帝便派大将卫青多次出兵攻

▲敦煌壁画·张骞通西域

▲马踏匈奴拓片

打匈奴，卫青每次都有所斩获，但是和汉文帝时的情况一样，匈奴虽然每次都被赶跑，但没过多久便又会卷土重来，继续侵犯汉朝的边境，骚扰边地百姓。匈奴之患，就像悬在头上的剑一样，让汉朝的君臣、百姓寝食难安。汉武帝之所以想联合西部的大月氏和乌孙国，也是想彻底除掉这个心腹之患。

由于攻打匈奴的路途太过遥远，几次出兵攻打匈奴，耗费了国家巨大的人力物力，甚至一度导致国库空虚，但是这依然不能消减汉武帝打击匈奴的热情。为了克服财政上的困难，汉武帝允许百姓买官，犯罪之人也可以花钱减轻刑法。他还颁布了算缗（mín）告缗令，向商人征收财产税。这些卖官鬻爵，以及征收上来的钱财都充入国库，供征战使用。

公元前119年，卫青和霍去病各率五万骑兵，兵分两路，横跨沙漠出击匈奴。这次进击击溃了匈奴在漠南的主力，自此，匈奴逐渐向西北迁徙，十几年内再无南下之力。

在匈奴以外，汉武帝还征服了边境上的其他国家。

公元前 111 年，汉武帝出兵攻破番禺（今广东广州），灭南越国，在当地设立了海南、苍梧、交趾等九个郡。

公元前 108 年，汉武帝向东消灭了卫氏政权，将卫氏政权故地和辽东东郡的一部分划分为真番、临屯、乐浪、玄菟四郡，确立了汉帝国在该地的控制。

汉武帝在位期间，兼用军事、外交等多重手段，极大地扩充了汉帝国的疆域，使汉帝国的声威和势力达到了前所未有的高峰，也为今天中国的广袤疆域奠定了基础。

三　巫蛊之祸

汉武帝的一生立下了不少丰功伟绩，但是有一件事却让他后悔不已，那就是他因为迷信巫蛊之术，又听信小人谗言，而失去了自己最心爱的妻子和儿子。

在中国古代社会，人们对神怪诅咒之事深信不疑，汉武帝也不例外。

有一天中午，汉武帝躺在床上昏昏欲睡，恍惚之间，看到有许多人手持棍棒向他打来。眼看自己就要被木棒击中，汉武帝忽然从梦中惊醒，吓出了一身冷汗。

汉武帝觉得这个梦非同寻常，再加上他当时的健康状况也不是很好，认为一定是有人用巫术诅咒自己，想置他于死地。

于是，汉武帝便找来自己的亲信江充，说："你来负责彻查此事，一定要把这个暗中加害朕的人找出来。"

江充带着胡人巫师到处搜查，看谁家藏有施巫术用的人偶。凡是有嫌疑的人都被抓起来严刑拷打，强迫认罪，一时间使很多人无辜受害。

江充和太子刘据不睦已久，这次便假借搜查之名，进入太子宫，很快就在太子宫中挖出了一个铜木人。

太子看到铜木人，顿时吓坏了："这个人偶怎么会在我的宫中？这不是我的东西。"

太子猜出这一定是江充捣的鬼，迫不及待地想和父亲解释清楚，但此时武帝正在甘泉行宫养病，音信不通。太子没有办法证明自己的清白，又是惊惧，又是气恼。情急之下，他矫诏斩杀了江充，还命人把前来搜查的巫师全部拉出去烧死。

杀完人后，太子自知闯下大祸，无奈之下只好起兵自卫。

但是，消息传到武帝的耳朵时，却变成了太子起兵造反。汉武帝连忙命人调兵平乱。双方在长安城混战数日，死伤者数以万计。后来，太子兵败逃出了长安，在汉军的围剿下自缢而亡。

太子死后，太子的妻子和儿子都被杀死，只有一个小孙子尚在襁褓之中，被人藏匿起来，才免于一死，这个婴孩也就是后来的汉宣帝。

太子的母亲卫皇后也受到牵连，卫皇后不愿受辱，最终以死明志。

这场大乱，史称"巫蛊之祸"，在这场祸乱中死伤的人多达数万，更有许多无辜者受到牵连。直到事情过去一段时间后，汉武帝才慢慢察觉，这一切其实都是江充从中作祟，害得他骨肉相残，痛失皇后和太子。他下令灭掉了江充三族，又命人修建了"思子宫"和"望思台"，以寄托自己对太子和皇后的哀思。

四　下罪己诏

汉武帝一生都在追求显赫的功绩，为了打败匈奴，他曾经不惜掏空国库、卖官鬻爵，导致百姓疲惫，民生凋敝。直到临死前，汉武帝回顾自己的一生，终于觉察到自己的过失，写下了著名的《轮台罪己诏》。

他在诏书中是这样写的："当今最重要的任务，是严禁各级官吏对百姓苛刻暴虐，废止擅自增加赋税的法令，鼓励百姓致力于农业生产。朕即位以来，做了些不好的事情，使天下百姓受苦，现在后悔不已。自今日始，所有损害百姓利益、浪费天下钱财的事情，全部停止。"

公元前 87 年，汉武帝病逝，享年七十岁。

汉武帝在位五十四年，他雄才大略、文治武功，使汉朝成为当时世界上最强大的国家。

▲明·仇英《上林图卷》。此画取自西汉司马相如的名篇《上林赋》，描写
了汉武帝时的皇家园囿上林苑的美景以及汉武帝与群臣狩猎时的壮观景象。

原典精选

元年，汉兴已六十余岁矣，天下乂安^①，荐绅^②之属皆望天子封禅^③改正度也。而上乡^④儒术，招贤良，赵绾、王臧等以文学为公卿，欲议古立明堂城南，以朝诸侯。草巡狩封禅改历服色事未就。会^⑤窦太后治^⑥黄老言，不好儒术，使人微伺^⑦得赵绾等奸利事，召案绾、臧，绾、臧自杀，诸所兴为者皆废。

——《史记·孝武本纪》

注释

①乂（yì）安：太平，安定。

②荐绅：古代高级官吏的装束。

③封禅：封为祭天，禅为祭地，封禅指中国古代帝王祭祀天地的大型典礼。

④乡（xiǎng）：通"享"，享用。

⑤会：遇上。

⑥治：讲求，研究。

⑦微伺：暗中伺察。

译文

元年，汉朝建立已经有六十多年了，天下安定，百官都希望天子举行祭祀大典，改善各种制度。而皇帝也崇尚儒家学说，就通过举荐贤良方正的方式来招纳贤才。赵绾、王臧等人凭借文采博学而入朝成为公卿。他们想要建议皇上按古制在城南建立明堂，作为朝会诸侯的地方。他们所草拟的天子出巡、封禅和改换历法服色制度的计划尚未完成，正赶上窦太后崇信黄老道家学说，不喜欢儒术，于是派人暗中察访赵绾等人所做的非法牟利之事，传讯审查了赵绾、王臧。赵绾、王臧自杀，他们所倡导的那些事情也就废止了。

知识拓展

什么是丝绸之路？

　　丝绸之路是历史上横贯欧亚大陆的贸易交通线，张骞通西域后，正式开通了这条从中国通往欧、非大陆的陆路通道。这条道路，由西汉都城长安出发，经过河西走廊，然后分为两条路线：一条由阳关，经鄯善，沿昆仑山北麓西行，过莎车，西逾葱岭，出大月氏，至安息，西通犁靬（jiān），或由大月氏南入身毒。另一条出玉门关，经车师前国，沿天山南麓西行，出疏勒，西逾葱岭，过大宛，至康居、奄蔡。张骞出使西域后，汉朝和西域的商人、使者开始互通有无。他们把中国的丝绸和纺织品，运往西亚、欧洲，又把西域各国的商品、农作物输入中国内地。核桃、菠菜、葡萄、黄瓜、胡萝卜、石榴等果蔬都是经由丝绸之路传入中国的。